Marina Keegan

DAS
GEGENTEIL
VON
EINSAMKEIT

Stories und Essays

Aus dem Amerikanischen
von Brigitte Jakobeit

FISCHER Taschenbuch

Ein Teil dieses Buches sind Stories. Namen, Personen, Orte und Ereignisse entspringen der Phantasie der Autorin und sind Teil der Fiktion. Jede Ähnlichkeit mit Ereignissen oder Orten, realen Personen, lebendig oder tot, ist rein zufällig. Andere Teile dieses Buches sind Essays. Einige Namen und Charaktereigenschaften wurden geändert.

Erschienen bei FISCHER Taschenbuch
Frankfurt am Main, Mai 2016

Die Originalausgabe erschien 2014
unter dem Titel ›The Opposite of Loneliness‹
bei Scribner, a division of Simon & Schuster, Inc., New York
© 2014 by Tracy and Kevin Keegan

Für die deutschsprachige Ausgabe:
© 2015 S. Fischer Verlag GmbH, Hedderichstr. 114,
D-60596 Frankfurt am Main

Druck und Bindung: CPI books GmbH, Leck
Printed in Germany
ISBN 978-3-596-03242-6

WIDMUNG

»Ich lebe für die Liebe, und der Rest ergibt sich von selbst«, waren Marinas Worte bei der Abschluss-feier, als wir sie das letzte Mal sahen. *Das Gegenteil von Einsamkeit* ist der Liebe gewidmet. Wir hoffen, dass Marinas Botschaft die Leser dazu anregt, Möglichkei-ten zu erkennen und etwas in der Welt zu bewegen.

Tracy und Kevin Keegan

Willst du schon gehen?
Nein, ich wünsche mir viel Zeit, um mich in alles
zu verlieben ...
Und ich weine, weil alles so schön ist und so kurz.

– Marina Keegan, aus dem Gedicht *Vergangenes*

INHALT

EINLEITUNG

————◄◦►————

Am 10. November 2010 sah ich Marina Keegan zum ersten Mal. Ich hatte den Autor Mark Helprin bei einem Master's Tea in Yale zu Gast, bei dem er sagte, es sei heutzutage fast unmöglich, als Schriftsteller den Durchbruch zu schaffen.

Eine Studentin stand auf. Dünn. Schön. Langes, rötlich braunes Haar. Lange Beine. Schamlos kurzer Rock. Nimbus wütender Energie. Sie fragte Helprin, ob das sein Ernst sei. Im Raum hielten alle die Luft an. Genau das hatten alle gedacht, aber niemand war mutig (oder unverfroren) genug gewesen, es auszusprechen.

Am selben Abend erhielt ich eine E-Mail von *marina. keegan@yale.edu*:

Hallo! Ich glaube nicht, dass Sie mich kennen, aber ich war die Studentin, die heute die Frage gestellt hat ... Ich fand es traurig, von einem berühmten Schriftsteller zu hören, dass die Branche im Sterben liegt und wir lieber etwas anderes machen sollen. Vielleicht hatte ich einfach erwartet, dass er uns, die den Tod der Literatur *aufhalten* wollen, etwas mehr ermutigt.

»Den Tod der Literatur aufhalten«: Marina meinte das zugleich selbstironisch (hätte sie den Satz laut gesagt, dann übertrieben, mit vielen bedeutungsschwangeren Pausen und überbetonten Konsonanten, um die Überspitzung zu zeigen) und 100 Prozent ernst.

Ein paar Wochen später bewarb sie sich für meinen Kurs zum Schreiben aus der Ich-Perspektive. Ihre Bewerbung begann so:

Vor ungefähr drei Jahren fing ich eine Liste an. Sie begann in einem marmorierten Notizbuch, hat sich aber seitdem in den Wänden meines Wortprozessors fortgesetzt. *Interessante Sachen.* So nenne ich sie. Ich gebe zu, sie ist eine richtige Sucht geworden. Ich erweitere sie im Unterricht, in der Bibliothek, vor dem Schlafengehen und im Zug. Sie enthält alles von Beschreibungen der Handbewegungen eines Kellners über die Augen eines Taxifahrers bis hin zu seltsamen persönlichen Erlebnissen oder gelungene Formulierungen. Inzwischen sind es 32 einzeilig beschriebene Seiten mit interessanten Sachen aus meinem Leben.

In meinem Kurs, den sie im Frühjahr ihres vorletzten Jahres belegt hatte, bediente sie sich der interessanten Sachen auf diesen zweiunddreißig Seiten für eine Reihe von Arbeiten, die ihre Kommilitonen in schriftlichen Kritiken mit beeindruckten Adjektiven schmückten: *schön, lebendig, leuchtend, visuell, frisch, direkt, gefühlvoll, fesselnd, wachrüttelnd, präzise, zuversichtlich, ehrlich, erstaunlich.* (Drei Texte im Buch sind in diesem Kurs entstanden. Andere stammen aus Schreibkursen in Yale, geleitet von John Crowley und Cathy Shufro; einige aus Studentenzeitschriften; und drei – »Gepäckausgabe«, »Sklerotherapie« und »Ich töte für Geld« – schrieb Marina in ihrem vorletzten und letzten Jahr an der Buckingham Browne & Nichols School in Kursen unter der Leitung von Harry Thomas und Brian Staveley.)

Viele meiner Studenten klingen wie Vierzigjährige. Sie sind wortgewandt, orientieren sich aber an Vorbildern, ihre Stimmen sind gedämpft vom Wunsch, ihr aktuelles Alter und ihre eigenen Erfahrungen zu überspringen, weil sie beides für trivial halten, und produzieren dann Arbeiten von erwachsener Geschliffenheit, ohne über Los zu gehen. Marina war einundzwanzig und klang wie einundzwanzig: eine gescheite Einundzwanzigjährige, eine Einundzwanzigjährige, die sich in der englischen Sprache auskannte, eine Einundzwanzigjährige, die begriff, dass es wenig bessere Themen gibt, als jung, unsicher, blauäugig, frustriert und zuversichtlich zu sein. Wenn sie ihre Arbeit an unserem Seminartisch vorlas, prusteten wir vor Lachen, dann wechselte die Stimmung in Sekundenschnelle und uns brach das Herz.

Ich bitte meine Studenten immer, ihrer Abschlussarbeit eine Liste mit »Persönlichen Schwächen« beizufügen – Punkte, an denen sie bei ihrem künftigen Schreiben arbeiten möchten. Marina listete folgende auf:

- Zu viele Polysyndeta*. Achtung!
- Nicht mit Anaphern** übertreiben.
- Hüte dich vor seltsamen Redewendungen und ihren Präpositionen.
- Hüte dich vor Vergleichen.
- Überschriften müssen gut sein! Nicht erst in letzter Minute auswählen! Vermeide Alliteration!
- Achte darauf, dass modifizierende Wörter sinnvoll sind.
- Bei der Darstellung allgemeiner Ideen mehr konkrete Beispiele einbauen.
- Nicht vergessen, das Dokument vor dem Abgeben mit Hilfe der Rechtschreibprüfung auf Homophone wie »it's« und »its« zu überprüfen.
- Nicht zu viele Adverbien in einem Satz verwenden.
- Bilder müssen stimmig sein. Du kannst dich nicht »wie ein Löffel aufrollen«.
- Ungewöhnliche Formulierungen funktionieren besser am Ende eines Absatzes.
- Ich lege ein Ei, ich legte ein Ei, ich habe ein Ei gelegt. Ich liege, ich lag, ich habe gelegen.
- Entscheide dich klar für ein Thema.

---

* Polysyndeton ist der Gebrauch von mehreren Konjunktionen: »A und B und C« statt »A, B und C«.

** Anapher ist die Wiederholung eines Wortes oder mehrerer Wörter zu Beginn aufeinanderfolgender Sätze.

- Achte auf einheitliche Zeiten.
- Verwende nicht zwei Präpositionen hintereinander.
- Klebe nicht zu sehr an Dingen. Es hat nur eine Minute gedauert, diesen Satz zu schreiben!
- ES GEHT IMMER (NOCH) BESSER!

* * *

Auf ihren hohen posthumen Podesten verliert man die Toten leicht aus den Augen. Trauer, Achtung und die homogenisierende Wirkkraft der Bewunderung verwischen die Einzelheiten, glätten die Dellen, schleifen scharfe Kanten. Marina war geistreich, freundlich und idealistisch; ich hoffe, ich vergesse nie, dass sie auch wütend, gereizt und provokant war. Ein bisschen wild. Mehr als ein bisschen nonkonformistisch. Wenn man es geruhsam haben wollte, war Marina nicht die Richtige. Als wir uns zu einer einstündigen Sitzung trafen, um ihre erste Seminararbeit gemeinsam zu redigieren, schafften wir dreieinhalb Zeilen. Sie wehrte sich gegen meine Vorschläge, weil sie nicht wie ich klingen wollte; sie wollte ihren eigenen Ton. Im Unterricht hatte sie feste Ansichten über Autoren, die wir lasen. Sie hasste Lucy Grealy, obwohl die meisten ihrer Kommilitonen sie liebten, und sie liebte Joyce Maynard, obwohl die meisten ihrer Kommilitonen sie hassten. Sie bewunderte und beneidete andere talentierte junge Schriftsteller. Als ich die beispielhaften Arbeiten zweier Studentinnen aus einem früheren Kurs verschickte, schrieb sie: »AHHHH ALICE' AUFSATZ IST SO

15

GUT OH MEIN GOTT ... ELISAS IST AUCH SO GUT!
Meine Güte. Nein, ich lass mich nicht entmutigen ...« Sie
verlor oft ihre Schlüssel und ihr Handy, manchmal tage-
lang, manchmal in ihrer Tasche, einem geräumigen tin-
tenfleckigen Monstrum (bei einem Menschen wie Marina
hätte man eine Tasche mit Reißverschluss erwartet, doch
wie in allem war Offenheit ihr Markenzeichen); sie neigte
zu Prokrastination und den unvermeidlich darauf folgenden durchgebüffelten Nächten; sie war frustriert von Abgabeterminen, Formalitäten, begriffsstutzigen Politikern,
der Kluft zwischen Theorie und Praxis, der Angewohnheit
ihrer Mitbewohnerin, mit einem Messer Brot abzuschnei-
den und es dann ins Nutella-Glas zu stippen, und ihrer
eigenen Neigung zu Vergesslichkeit, alles Dinge, die in
E-Mails und SMS den Universalfluch »GAH!« nach sich
zogen.

Im Sommer zwischen ihrem ersten und letzten Jahr
lief alles so gut für Marina, dass sie nur selten GAH sagen musste. Früher hatte sie ihr Zimmer mit Titelbildern
des *New Yorker* tapeziert; jetzt machte sie dort ein Praktikum in der Literaturredaktion, durchforstete den Manu-
skripthaufen nach verborgenen Edelsteinen und schrieb
auf dem Buchblog. Eines ihrer Stücke wurde für eine in-
szenierte Lesung bei einem wichtigen Theaterfestival ausgewählt, und sie schrieb den Großteil eines anderen, auf
das sie, wie sie es formulierte, »jeden Tag 3 Stunden (keine
Ausrede) verwandte«.

In diesem Sommer fand Marina außerdem Zeit, ihren
Freunden und Lehrern zu schreiben. Nachdem sie gerade

einen Text gelesen hatte, in dem ich die Ausreden erwähnte, mit welchen der Dichter Samuel Taylor Coleridge, ein unverbesserlicher Prokrastinierer, seiner säu-
migen Korrespondenz Vorschub leistete, begann sie eine
E-Mail:

Entschuldigen Sie meine verzögerte Antwort! Tatsache ist, dass ich krank wurde, nachdem ich bei
schlechtem Wetter übertrieben kurze Kniehosen
trug – ganz zu schweigen von meinen Zahnschmer-
zen, Schlaflosigkeit, Gicht, Husten, Furunkel, ent-
zündeten Augen, geschwollenen Hoden und rasen-
der Epistolophobie.

Und beendete sie:

Und vor allem, seien Sie mit sich im Reinen und mir
doppelt gewogen, meine teure Professorin, die ich
Sie erwartungsvoll grüße als,

Ihre geneigte Studentin

(Im Nachtrag zu einer späteren E-Mail erklärte sie: »Seit ich
die Coleridge-Briefe gelesen habe, verfolgen mich solche
Unterschriftsfloskeln. Sie sind einfach so GUT. Zum Beispiel die kurze Verzögerung mit dem Komma vor dem
Zeilenbruch. Einfach herrlich. COLERIDGE! Ich danke
dir.«)
    Aber sie freute sich, ans College zurückzugehen:

Ich merke, wie sehr ich Yale liebe. Da ich erstmals seit einiger Zeit die Minuten vor dem Einschlafen mit Gedanken an *die Zukunft* verbringe, betrachte ich Yale schon mit einer Art vorzeitiger Nostalgie. ICH MÖCHTE JEDEN KURS IM VERZEICHNIS BE-SUCHEN. ICH MÖCHTE JEDES GEBÄUDE KEN-NENLERNEN. ICH MÖCHTE ZEIT MIT ALLEN MEINEN FREUNDEN VERBRINGEN.

Das tat sie weitgehend und raste mit geschärften Sinnen durch ihr letztes Jahr, sammelte Preise, arbeitete als Harold Blooms wissenschaftliche Hilfskraft, spielte in zwei Theaterstücken und schrieb ein drittes, diente als Präsidentin der Yale College Democrats, war Mitorganisatorin von Occupy Yale, fuhr jeden Donnerstag mit dem Zug nach New York, um ein Praktikum bei der *Paris Review* zu absolvieren, besorgte sich beim *New Yorker* einen Job nach dem Examen, schrieb in jeder freien Minute und verliebte sich. Als ein Freund, der im Vorjahr sein Studium beendet hatte, sie um die Erlaubnis bat, seinen Studenten in Peru ein paar ihrer Arbeiten zeigen zu dürfen, antwortete sie: »Ja zu allem!«

* * *

Fünf Tage, nachdem Marina ihren Abschluss mit magna cum laude gemacht hatte, bekam ich von einer meiner Studentinnen eine E-Mail:

Anne, entschuldigen Sie die späte Störung, aber es ist etwas Schreckliches passiert, und ich weiß nicht, ob Sie es schon gehört haben – bitte rufen Sie mich an.

Marinas Freund hatte sie vom Brunch bei ihrer Großmutter in der Nähe von Boston zum Ferienhaus ihrer Familie auf Cape Cod gefahren, um den fünfundfünfzigsten Geburtstag ihres Vaters zu feiern. Ihre Eltern warteten mit Hummer und, weil Marina unter Zöliakie litt und Weizen nicht verdauen konnte, einem selbstgemachten glutenfreien Erdbeerkuchen. Ihr Freund, der weder schnell fuhr noch trank, schlief am Steuer ein. Das Auto fuhr gegen eine Leitplanke und überschlug sich zweimal. Marina starb. Ihr Freund blieb unverletzt.

Marinas Eltern luden ihn am nächsten Tag in ihr Haus ein und nahmen sich seiner an. Sie baten die Polizei schriftlich, den Unfall nicht als fahrlässige Tötung zu behandeln, weil »es Marina das Herz brechen würde, wenn sie wüsste, dass ihr Freund noch mehr leiden muss, als er es ohnehin schon tut«. Als er vor Gericht erschien, begleiteten ihn die Keegans. Das Verfahren wurde eingestellt.

Ich hatte noch nie so viele junge Menschen weinen sehen wie bei Marinas Gedenkgottesdienst – sie weinten nicht nur, sondern zitterten so sehr, dass ich befürchtete, ihre Rippen würden brechen.

Nach einer Woche hatten mehr als eine Million Menschen »Das Gegenteil von Einsamkeit« gelesen, einen Aufsatz, der in der Abschlussausgabe der *Yale Daily News* erschienen war. »Wir sind so jung. *Wir sind so jung*«, hatte

Marina geschrieben. »Wir sind zweiundzwanzig Jahre alt. Wir haben so viel Zeit.«

Wenn ein junger Mensch stirbt, liegt ein Großteil der Tragödie in seinem Versprechen: was er geschaffen *hätte*. Doch Marina hinterließ, was sie *bereits* geschaffen hatte: ein schriftstellerisches Werk, weit mehr, als zwischen diese Buchdeckel passen würde. Als ich mit ihren Eltern und Freunden ihre Texte zusammentrug, um die aktuellste Fassung jeder Geschichte und jeden Essays zu finden, war uns klar, dass sie nichts in genau dieser Form hätte veröffentlichen wollen. Sie war eine fanatische Feilerin, die umschrieb und umschrieb und umschrieb, selbst wenn alle anderen fanden, etwas sei fertig. (ES GEHT IMMER (NOCH) BESSER.) Natürlich konnten wir ihr Buch nicht umschreiben, das hätte nur sie gekonnt. Trotzdem klingen diese neun Geschichten und neun Essays, sooft ich sie auch lese, immer nach ihr, und ich möchte kein Wort ändern.

Marina würde nicht wollen, dass man sich an sie erinnert, weil sie tot ist. Sie würde wollen, dass man sich an sie erinnert, weil sie gut ist.

* * *

Ich habe sehr viele junge Autoren aufgeben sehen, weil sie nicht damit umgehen konnten, dass ihr Beruf sie wiederholt scheitern ließ. Sie hatten Talent, aber ihnen fehlte es an Entschlossenheit und Belastbarkeit. Marina besaß alles drei, und darum bin ich sicher, sie hätte sich bewährt.

Einmal schrieb sie mir an dem Abend, als die Geheimgesellschaften in Yale – Senior Social-Clubs, darunter Skull and Bones, Scroll and Key und Book and Snake, die sich in fensterlosen Gebäuden treffen, der Gruft – ihre neuen Mitglieder ernannten. Sie hatte man nicht vorgeschlagen. »Ich bin gerade in unserem WaO-Raum«, schrieb sie. (»WaO« war die Abkürzung für unseren Schreibkurs: Writing about Oneself. Autobiographisches Schreiben. Marina meinte im Scherz, dass die Studenten im nächsten Jahr sich zum Autobiographischen Trinken treffen sollten.)

Letztlich haben mich die Geheimgesellschaften betrogen, deshalb habe ich mir vorgenommen, die 12 Stunden in der Woche dem Schreiben eines Romans zu widmen. (Heute ist Wahlnacht.) Wenn ich bereit gewesen wäre, so viel Zeit in einer Gruft zu quasseln, sollte ich auch bereit sein, sie dem Schreiben zu widmen! 6–12 Sonntage und Donnerstage. Ich könnte ihn BOOK and BOOK nennen. :)

Sie überließ sich ihrer Enttäuschung keine zwei Stunden, dann machte sie weiter. Wäre sie bei Book and Snake aufgenommen worden, gäbe es dieses Buch nicht.

Nach Marinas Tod erzählte mir ihr Vater von einer Segelregatta, an der sie mit vierzehn teilgenommen hatte. Für das Rennen – in Wellfleet Harbor, am äußeren Ende von Cape Cod – waren nur 14-Fuß-Dingis, sogenannte Laser, zugelassen. Die jugendlichen Segler, fünfzehn und jünger, sollten gleichzeitig mit den Erwachsenen starten.

Marina hoffte auf einen ruhigen Tag. Sie dachte, sie könnte alle schlagen, auch die Erwachsenen, weil sie eine geschickte Seglerin war und unter fünfzig Kilo wog. Ein schwerer Segler verlangsamt ein Boot ebenso wie ein schwerer Jockey ein Rennpferd.

Doch es war kein ruhiger Tag. Es herrschten 40-Knoten-Winde und knapp ein Meter hoher Wellengang. Noch vor dem Start des Rennens stieg die gesamte Jugendliga zusammen mit allen Frauen aus – nur Marina nicht.

Bei solchem Wetter ist Leichtigkeit kein Vorteil. Besonders wenn das Boot gegen den Wind fährt, lässt es sich kaum stabil halten. Marina kenterte häufiger, als ihre Eltern zählen konnten. Jedes Mal, wenn das Boot zur Seite kippte, fiel sie ins Wasser. Sie musste den Bug in den Wind drehen, auf das Schwert klettern und sich draufstellen, während sie sich an der Bordwand festhielt. Weit nach hinten gelehnt, musste sie kräftig genug ziehen, um das sieben Quadratmeter große nasse Segel aus dem Wasser zu hieven, dann zurück ins Boot klettern, die Segel neu einstellen – und das alles bei heulendem Wind und Wellen, die auf und über sie hereinbrachen.

Marinas ursprüngliches Ziel war gewesen zu gewinnen. Ihr neues Ziel war, ans Ziel zu gelangen. Mehrere Männer gaben auf, aber sie fuhr weiter. Bei gutem Wetter hätte sie das Rennen in fünfzehn Minuten beendet. Sie brauchte fast eine Stunde. Unter ungläubigem Applaus fuhr sie als Vorletzte ins Ziel. Sie war klatschnass, ihr Haar troff, und ihre Hände waren vom Umklammern der Leinen blutig.

Ein paar Stunden nachdem man Marina gesagt hatte, als Schriftsteller den Durchbruch zu schaffen sei heutzutage fast unmöglich, kam sie zu spät zu einem Treffen ihrer Spoken-word-Gruppe. Ein Freund von ihr erinnert sich, dass ihr Gesicht gerötet war und ihre Augen scharfen, nassen Steinen glichen.

»Ich habe beschlossen, Schriftstellerin zu werden«, sagte sie. »Und zwar eine richtige. Mit Haut und Haar.«

– *Anne Fadiman*
12. November 2013

DAS
GEGENTEIL
VON
EINSAMKEIT

◄○►

Das Gegenteil von Einsamkeit

Wir haben kein Wort für das Gegenteil von Einsamkeit, aber wenn es eins gäbe, könnte ich sagen, genau das will ich im Leben. Ich bin sehr dankbar dafür, es in Yale gefunden zu haben, und fürchte mich davor, es zu verlieren, wenn wir morgen nach der Abschlussfeier aufwachen und diesen Ort verlassen.

Es ist nicht ganz Liebe und nicht ganz Gemeinschaft; es ist einfach dieses Gefühl, dass da Leute sind, eine ganze Menge Leute, die alle an einem Strang ziehen. Die auf deiner Seite sind. Wenn die Rechnung bezahlt ist und du noch am Tisch bleibst. Wenn es vier Uhr nachts ist und niemand ins Bett geht. Der Abend mit der Gitarre. Der Abend mit dem Filmriss. All das, was wir zusammen erlebt und gesehen haben, worüber wir gelacht haben, was uns bewegt hat. Die Hüte.

Yale besteht aus vielen kleinen Kreisen, die wir um uns ziehen. A-capella-Gruppen, Sportteams, Verbindungen, Gesellschaften, Clubs. Lauter kleine Gruppen, die uns das Gefühl von Liebe, Sicherheit und Zugehörigkeit geben, selbst in den einsamsten Nächten, wenn wir nach Hause an unsere Computer stolpern – allein, müde, wach. Das alles haben wir nächstes Jahr nicht mehr. Wir wohnen nicht mehr Tür an Tür mit unseren Freunden. Wir kriegen nicht mehr dauernd Gruppen-SMS.

Das macht mir Angst. Dieses Netz zu verlieren macht mir mehr Angst, als nicht den richtigen Job, die richtige Stadt, den richtigen Mann zu finden. Dieses schwer fassbare, undefinierbare Gegenteil von Einsamkeit. Dieses Gefühl, das ich im Augenblick empfinde.

Aber eins wollen wir klarstellen: Die besten Jahre unseres Lebens liegen nicht hinter uns. Sie gehören uns und werden sich fortsetzen, während wir erwachsen werden und nach New York ziehen oder weg von New York und wünschten, wir würden oder würden nicht in New York leben. Ich will auch mit dreißig noch auf Partys gehen. Ich will auch noch Spaß haben, wenn ich alt bin. Jede Vorstellung von den BESTEN Jahren entspringt Klischees wie »hätte gesollt …«, »hätte ich bloß …«, »ich wünschte, ich hätte …«.

Natürlich ist manches auf unserer To-do-Liste übrig geblieben: die zu lesenden Bücher, der Junge auf der anderen Seite des Flurs. Wir selbst sind unsere härtesten Kritiker, und es ist leicht, sich selbst zu enttäuschen. Weil wir zu lange schlafen. Prokrastinieren. Abkürzungen nehmen. Mehr als einmal habe ich auf mein Highschool-Ich zurückgeblickt und mir gedacht: Wie habe ich das damals nur alles geschafft? Unsere heimlichen Unsicherheiten folgen uns und werden uns immer folgen.

Die Sache ist nur die, dass wir alle so sind. Niemand

wacht dann auf, wenn er es möchte. Niemand hat alle Bücher gelesen (außer vielleicht die Verrückten, die Preise gewinnen …). Wir haben so unmöglich hohe Ansprüche und werden den perfekten Vorstellungen von unserem künftigen Ich wahrscheinlich nie gerecht. Aber ich glaube, das ist in Ordnung.

Wir sind so jung. Wir sind *so* jung. Wir sind zweiundzwanzig Jahre alt. Wir haben noch so viel Zeit. Manchmal, wenn wir allein nach einer Party daliegen oder unsere Bücher zusammenpacken, wenn wir aufgeben und ausgehen, schleicht sich so ein Gefühl in unser kollektives Bewusstsein, dass es irgendwie zu spät ist. Dass uns andere irgendwie voraus sind. Vollkommener, spezialisierter sind. Mehr auf dem Weg, irgendwie die Welt zu retten, etwas zu schaffen, zu erfinden oder zu verbessern. Dass es schon zu spät ist, noch mal ganz von vorne anzufangen, und wir uns damit abfinden müssen, ab morgen geradeaus durchs Leben zu gehen.

Als wir nach Yale kamen, herrschte dieser Geist von Möglichkeit. Diese immense, undefinierbare potentielle Energie – und es kommt einem schnell so vor, als ob sie einem entglitten wäre. Wir hatten uns nie entscheiden müssen, und plötzlich mussten wir es. Einige von uns haben sich festgelegt. Einige von uns wissen genau, was sie wollen, und sind auf dem Weg dorthin: Sie studieren schon Medizin, arbeiten in der perfekten NGO, sind in der Forschung tätig. Euch sage ich: Herzlichen Glückwunsch, aber ihr kotzt mich an.

Die meisten von uns dagegen sind etwas verloren in diesem Meer der Wissenschaften. Nicht ganz sicher, auf welchem Weg wir uns befinden und ob wir ihn hätten gehen sollen. Wenn ich doch nur Biologie studiert hätte ... wenn ich im ersten Semester doch nur Journalismus gewählt hätte ... wenn ich mich doch nur für dieses oder jenes beworben hätte ...

Wir dürfen nicht vergessen, dass uns immer noch alles offensteht. Wir können es uns anders überlegen. Von vorn anfangen. Ein Masterstudium machen oder es mit dem Schreiben probieren. Die Vorstellung, dass es für etwas zu spät ist, erscheint mir komisch. Zum Totlachen. Wir sind mit dem College fertig. Wir sind so jung. Wir können, wir dürfen dieses Gefühl der Möglichkeit nicht verlieren, denn letztlich ist es alles, was wir haben.

Mitten in einer Freitagnacht, im Winter meines ersten Semesters, war ich gerade völlig durch den Wind, als meine Freunde mich anriefen. Ich sollte sie im Est Est Est treffen, einem italienischen Restaurant. Wie benommen stapfte ich Richtung SSS*, dem vermutlich am weitesten entfernten Haus auf dem Campus. Seltsamerweise fragte ich mich erst vor der Tür, warum meine Freunde eigentlich im Verwaltungsgebäude von Yale feierten. Taten sie natürlich auch nicht. Aber da es kalt war und mein Ausweis irgendwie funktionierte, ging ich hinein, um mein Handy in der Tasche zu suchen. Es war still, das alte Holz knarrte, der Schnee vor den Buntglasfenstern war kaum

* Sheffield-Sterling-Strathcona Hall ist ein Gebäude in Yale, das Dekan-Büros und einen großen Vorlesungssaal beherbergt.

sichtbar. Ich blickte hoch. In diesem gigantischen Raum, in dem ich mich befand. Einem Raum, in dem Tausende vor mir gesessen hatten. Und allein in der Nacht, inmitten eines Sturms in New Haven, fühlte ich mich erstaunlicherweise unglaublich sicher.

Wir haben kein Wort für das Gegenteil von Einsamkeit, aber wenn es eins gäbe, würde ich sagen, genau so fühle ich mich in Yale. Genau so fühle ich mich jetzt. Hier. Bei euch allen. Verliebt, beeindruckt, demütig, ängstlich. Und das dürfen wir nicht verlieren.

Wir vom Abschlussjahr 2012 ziehen alle an einem Strang. Bewegen wir etwas in der Welt.

STORIES

Die Mitte des Universums ist heute Abend, ist hier.
Und alles davor sind verlorene Kosten.

– Marina Keegan, aus dem Gedicht *Vergangenes*

Kalte Idylle

Wir waren in der Phase, wo wir uns nicht ernst in die Augen sehen konnten, aus Angst, das könnte bedeuten, wir wären zu involviert. Wir benutzten Euphemismen wie »Du fehlst mir« und »Ich mag dich« und lächelten immer, wenn sich unsere Nasen zu nahe kamen. Ich übernachtete zwei-, dreimal in der Woche bei ihm und lernte seine Eltern bei einem peinlichen Brunch in Burlington kennen. Viel Zeit wurde bewusst romantisch verbracht: Wir machten Sushi, gingen irgendwohin, warteten zu lange mit dem Beantworten von SMS. Ich war hin- und hergerissen und fragte mich, ob ich Songs auf seine Playlist hinzufügen und endlich aufhören sollte, mich auf Leute einzulassen, die ich nur zu 80 Prozent gut fand, und mal eine Zeitlang allein sein sollte. (Um die Bücher zu lesen, die ich peinlicherweise nicht gelesen hatte.) (Um meine Mutter anzurufen.) Das Dumme ist nur, ich werde gerne gemocht, und viele meiner Freunde waren mit dem Studium fertig und irgendwohin gezogen. Ich hatte daran gedacht, die Sache zu beenden, aber meine Zimmerkollegin Charlotte riet mir ab. Brian sah gut aus, rauchte genauso viel wie ich, und manchmal wachte ich morgens mit einem Lächeln im Gesicht auf, weil er mir das Gefühl von Geborgenheit gab.

Im März starb er. Ich machte mir gerade eine Thaisuppe in der Mikrowelle, als mich sein bester Freund anrief und fragte, ob ich wisse, in welchem Krankenhaus er liegt.

»Wer?«, fragte ich.

»Brian«, sagte er. »Weißt du es denn nicht?«

* * *

Ich war im letzten Studienjahr und besuchte ein Seminar, in dem wir Gedichte von John Keats lasen. Es gibt da so ein berühmtes von ihm, »Ode auf eine griechische Urne«, in dem die beiden Liebenden sich fast küssen, mit erstarrten Gesichtern unter einem Baum. Die Tragödie, sagte die Professorin, läge im ewigen Stillstand. Die Frau ist immer da, aber sie küssen sich nicht; trotzdem fand ich das Ganze ziemlich romantisch. Am schönsten war es für mich nämlich immer, bevor wir nach Hause gingen – und genau das hatte ich ironischerweise jetzt.

* * *

Ich sah zu, wie die brummende Mikrowelle eierige Kreise zog, aber ich holte die Suppe nie raus. Wahrscheinlich machte das jemand anderes. Charlotte vielleicht oder eine meiner Freundinnen, die in Gruppen vorbeikamen und mir in Anlehnung an erwachsenes Verhalten Essen anboten und meine Beziehung zu entziffern versuchten. Ich versuchte das ebenfalls. Als ich über Weihnachten in Austin war, hatte ich mit einem Mann namens Otto rumgemacht, Brian und ich hatten unsere Spielchen nie ganz aufgegeben. Wir hatten natürlich ein Verhältnis, waren aber nicht verbunden.

»Was ist denn jetzt mit euch?«, schrien die Leute über die Musik, wenn er einen Drink holen ging, und ich erklärte, dass es da nichts zu erklären gab.

»Wir gehen zusammen aus«, sagte ich lächelnd. »Wir gehen gern zusammen aus.«

In gewisser Weise waren wir vermutlich stolz auf unsere Uneindeutigkeit. Als wäre die Mühsal des Ganzen unter unserer Würde. Insgeheim waren die Pausen in unserer Korrespondenz natürlich ebenso kalkuliert wie unsere Gleichgültigkeit – und wir warteten auf die trunkenen Momente, in denen wir vielleicht ein »Hey« rausließen, Pause: »Ich mag dich.«

»Geht es dir gut?«, fragten sie jetzt. Flüsterten es beinahe, als wäre ich zerbrechlich. Am ersten Abend saßen wir herum und nippten an eigenartigen Drinks, ein Freund legte einen Song auf und stellte ihn dann ab. Ich würde gern sagen, dass ich erschüttert war und mich in einem Zustand unartikulierter Verwirrung befand, aber ich merkte, dass ich durchaus Fragen beantworten konnte.

»Sie waren nicht fest zusammen«, flüsterte Sarah Sam zu, und ich lächelte milde, um ihnen zu zeigen, dass ich es gehört hatte und es in Ordnung war.

Aber ich stellte sehr schnell fest, dass ich unterschätzt

hatte, wie sehr ich ihn mochte. Nicht ihn vielleicht, aber die Tatsache, dass ich jemanden am anderen Ende einer unsichtbaren Leitung hatte. Jemanden, den ich auf dem Laufenden hielt und umgekehrt, jemanden, dem ich eine komische Entdeckung erzählen konnte, den ich mir vorstellte, während ich in einem einsamen Keller tanzte, und zu dem ich schließlich zurückkehren konnte, wenn die Musik vorbei war. Brians Tod war das klarste und entsetzlichste Beispiel meiner unheimlichen Obsession für das Unerreichbare. Lebendig war sein größter Fehler höchstwahrscheinlich gewesen, dass er mich mochte. Tot waren seine Tugenden offenkundiger.

Aber ich bin nicht fair. Tatsache ist, dass ich ein seltsames und deutliches Loch spürte, das knapp hinter meiner Lunge wuchs. Da war ein Mensch, dessen Augen, Hals und Penis ich in der Nacht zuvor geküsst hatte, und diesen Menschen gab es nicht mehr. Das zweite Klischee war, dass ich es nicht ganz begreifen konnte. Trotzdem überraschte ich mich selbst, als ich an diesem Abend, sobald meine Freunde gegangen waren, allein weinte und das Gesicht fest in mein Kissen presste.

* * *

Als ich Lauren Cleaver zum ersten Mal sah, spielte sie Ukulele und sang in einem Keller, der von Lichterketten aus roten Plastikpaprikas erhellt war. Ich erinnere mich noch an zwei Beobachtungen während der zwanzig Minuten, in denen meine Freunde und ich dem Konzert beiwohnten

38

und Bier tranken: erstens, dass ich ihr Outfit wollte (ge-blümte Overall-Shorts und eine grobe Leinenjacke), und zweitens, dass sie dünner war als ich, eine Eigenschaft, die sie augenblicklich weniger liebenswert machte. Sie war hübsch, abgesehen von einer sehr großen Nase, und ich hatte sie schon auf dem Campus gesehen, Fahrrad fahrend auf der Pear Street oder rauchend vor der Bibliothek. Sie hatte die seltene Gabe, still und gleichzeitig beliebt zu sein, eine Mischung, die auf jüngere, modische Mädchen einschüchternd wirkte und rätselhaft auf ältere, selbstsichere Jungs. Wir bewegten uns in unterschiedlichen Kreisen, und ich dachte erst wieder an dem Morgen an sie, nachdem ich Brian zum ersten Mal geküsst hatte, mit dem sie zwei Jahre und neun Monate lang fest und unzertrennlich zusammen war.

Ich hatte noch nie mit einer Exfreundin zu tun gehabt, und mir gefiel das nicht. Adam und ich waren die jeweils Ersten füreinander gewesen, und seit unserer Trennung hatte ich immer nur ein paar Monate dauernde Beziehungen gehabt. Wenn ich eins von mir sagen kann, dann, dass ich selbstkritisch bin (bis an die Grenze zur Neurose), und mir ist klar, dass ein Großteil meines Selbstwertgefühls von der Aufmerksamkeit einer Reihe blasierter Studenten an der University of Vermont abhängt. Das Dumme ist, dass ich es gut verstehe, sie zu reizen: Ich bin witzig und ein Ass im Verfassen von SMS. Außerdem ziehe ich mich gut an, oder versuche es zumindest, und mache mich auf eine Art über Jungs lustig, die als *Ich mag dich* rüber-kommt. Vielleicht ist das weniger ein Problem als eine

Krücke, aber ich habe die kranke Phantasie, ich wäre produktiver, wenn ich nicht so attraktiv wäre. Könnte endlich ein paar Bilder fertigmalen oder mich für irgendwelche Stipendien bewerben. Jedenfalls waren Lauren Cleaver und ich keine Freunde, weil Lauren Cleaver und ich das alles gemeinsam hatten. Das, und Brian.

* * *

Seine Eltern kamen am Morgen nach dem Unfall an, und seine Mitbewohner schrieben Mails an ein paar Leute, die ihrer Meinung nach vielleicht vorbeikommen wollten. Ich wollte hingehen und fand auch, dass ich hingehen musste, deshalb zog ich eine schwarze Jeans und einen schwarzen Pullover an und fragte Charlotte, ob sie mir ihre schwarzen Stiefel leihen würde.

»Die passen dir nicht«, sagte sie. »Außerdem brauchst du keine schwarzen Schuhe.«

Ich war mir nicht sicher. Und hatte ein schlechtes Gewissen auf dem siebenminütigen Weg zu seinem Haus, weil ich überlegt hatte, meine roten Ballerinas anzuziehen. Wahrscheinlich hätte ich zu solchen Gedanken nicht fähig sein dürfen, und ich kam mir wie ein Alien vor. Im Grunde geht mir das oft so, in vielen Situationen. Dass ich etwas fühlen sollte, es aber nicht tue. Mein Vater zog mich früher beim Essen des Öfteren mit der Bemerkung auf, die »kalte Claire« hätte die Zugluft mitgebracht. Ich hatte drei ältere Schwestern, alle schön, und ich war immer weniger emotional als sie, lächelte nicht so schnell. Ich weiß noch, dass es mir als Kind unglaublich schwerfiel, Geschenke zu öffnen, weil ich die notwendige theatralische Freude zu anstrengend fand. Meine Schwestern ärgerten mich ewig, weil ich in der fünften Klasse ein Geschenk von meiner Großmutter geöffnet und erklärt hatte: »Das hab ich schon.«

Es war kalt für März, daher ging ich schnell. Brauner Schnee klebte noch an den Straßenrändern, und die Kiefern neigten sich wie graue Wände und hingen unter der gelben Weihnachtsbeleuchtung durch. Wenn ich bei Brian schlief, rief ich ihn meistens bei einem bestimmten Stoppschild an und stimmte sein Erscheinen an der Tür mit meiner Ankunft ab, damit ich nicht warten musste. »Ich bin da«, sagte ich, eine Straße entfernt, und dann kam er runter und ließ mich rein. Diesmal klopfte ich.

William kam an die Tür. Zimmerkollege und reiches Söhnchen aus Los Angeles. Wir waren nie richtige Freunde, nur gelegentliche Mitbewohner, aber wir umarmten uns ungeschickt, und er fragte, wie es mir ginge.

»Gut«, sagte ich spontan. Aber er merkte, dass es nicht stimmte.

Wir gingen nach oben, und ich hatte sofort das Gefühl, dass ich besser nicht da wäre. Es waren weniger, als ich erwartet hatte: Brians Eltern, zwei mir unbekannte Erwachsene und fünf, sechs seiner engsten Freunde. Sie standen zusammengedrängt in einer Ecke neben einem Teller mit Bagels und einer unberührten Obstschale. Seine Mutter schluchzte tatsächlich in die Seite einer der Frauen, und plötzlich wurde mir alles zu eng. Die ganze Welt war kahl und trüb, und mir fiel nicht das Geringste ein, worauf ich mich freute. Brian war für mich allmählich zu etwas geworden, woran ich am Ende des Tages dachte, wenn alles andere langweilig war. Ich schaute durch die Tür in sein Zimmer und sah das noch ungemachte Bett.

»Das ist Claire«, sagte William. Immerhin beließ er es taktvollerweise dabei und versuchte nicht, meine Beziehung zu Brian näher zu umschreiben. Ich hob eine Hand zur Begrüßung ins Zimmer und fragte mich, ob die anderen auch hatten vorgestellt werden müssen.

»Claire«, sagte sein Vater. »Schön, dich zu sehen.« Es klang aufrichtig.

Wir hatten uns bei dem Brunch verstanden, obwohl das Ganze ein Zufall war. Brian und ich hatten lange geschlafen, und als seine Eltern um elf zu ihm kamen, lag ich noch im Bett, nackt. Ich zog mich schnell an – beschämt über meine Heels vom Vorabend – und wurde automatisch zum Frühstück im Mirabelles eingeladen. Später lachten wir darüber.

»Wie gut, dass du nicht irgendein One-Night-Stand warst.« Er biss mir ins Ohr.

»Wie gut«, sagte ich und boxte ihn.

* * *

Brians Vater wies auf das unberührte Essen, aber ich lehnte ab und ging zu seinem Freundeskreis. Ich merkte, dass mich mindestens eine von ihnen, Susannah, nicht dahaben wollte. Du kennst ihn nicht, dachte sie mit Sicherheit. Wir kennen dich nicht.

Offenbar waren sie alle zusammen am Dienstagabend im Krankenhaus gewesen, und sie erzählten mit gedämpften Stimmen wie und wann sie es erfahren und dann gewartet hatten, wie und wann es zu dem Aneurysma kam. Ich hätte gern gefragt, was da genau vor sich ging und wie alles ablief, aber ich konnte mich nicht dazu durchringen. Ich schaute ständig in Brians Zimmer auf die zerknäulte Steppdecke und das lakenlose Bett, auf das Licht, das durchs Fenster fiel und die Falten tüpfelte, und kam zu dem Schluss, dass es der traurigste Anblick war, den ich je gesehen hatte.

* * *

Als Lauren Cleaver von oben herunterkam, drehten sich alle um. Ihr Gesicht war geschwollen und rot, und sie atmete in abgehackten Stößen. Vermutlich war sie nach oben gegangen, um sich zu sammeln. Um sich zu beruhigen und mit dem Weinen aufzuhören. Bei ihr war ein junger Mann, den ich von Bildern als Brians Bruder erkannte. Er hielt sie an den Schultern und flüsterte ihr etwas ins Ohr. Meine Gedanken überschlugen sich, und ich stellte mir vor, wie oft sie mit seiner Familie vermutlich am Essenstisch gesessen hatte. Die Ausflüge, die sie vielleicht mit ihnen unternommen, die Großeltern, die sie vermutlich kennengelernt hatte. Wahrscheinlich hatte sie Filme bei ihm zu Hause gesehen, in Jogginghose und Pullover. Hatte Zeit mit seinem Bruder und seiner Mutter verbracht, hatte seinen Hund, seine Onkel und seine Highschool-Freunde gekannt.

Lauren sah dünn und schön aus, wie sie da die Treppe herunterkam, und mir wurde klar, dass natürlich nicht ich die Freundin war. Ich kann nicht erklären, warum, aber der Gedanke erfüllte mich mit einer unglaublich tiefen Wut ... der unausweichlich Schübe eines altvertrauten Selbstekels folgten. Brian gehörte mir, hätte ich am liebsten geheult. Meine Nase hatte er am Freitag geküsst, unter mein Hemd hatte er seine Hand geschoben. Lauren hatte er zum letzten Mal im Juni geküsst, und ich wusste, dass sie nicht mehr miteinander redeten. Ich stellte mir kurz vor, wie er sich verhalten hätte, wenn Lauren gestorben wäre – ob er ihre Beziehung verklärt und den Verlust einer möglichen Versöhnung bedauert hätte. Aber irgendwie machte sie nicht den Eindruck, als wäre sie in solche Gedanken versunken, sondern eher, dass sie ihn sehr mochte. Oder gemocht hatte.

Ich wusste natürlich, dass ihre Trennung beiderseitig war und sich lange angebahnt hatte. Brian und Lauren waren jenseits einer Beziehung, und ihr Scheitern war langsam und notwendig. Ich wusste auch, dass ich nur wenige Tage zuvor spätabends mit Charlotte ernsthaft überlegt hatte, die Sache zu beenden – dass ich nur wenige Tage zuvor nicht so an Brian gedacht hatte wie jetzt –, aber beides schien keine Rolle zu spielen. Lauren litt entsetzlich, während meine Wangen glatt und trocken waren. Ich kam mir unzulänglich vor, kalt; meine Beziehung mit Brian war abrupt zum Stillstand gekommen.

Aus irgendeinem Grund dachte ich erst jetzt an unsere letzte Begegnung. Es musste am Dienstagmorgen gewesen sein, als ich aus seinem Zimmer raste, um eine Vorlesung zu besuchen. Aber ich hatte mein Aufladegerät vergessen, musste also noch mal klingeln und kroch dann in Kleidern kurz zu ihm ins Bett, bevor ich endgültig ging. Ich hätte mich gern daran erinnert, was er als Letztes zu mir gesagt hatte, aber es fiel mir nicht ein.

* * *

Die Zusammenkunft endete gegen Mittag, als der Präsident der University of Vermont vorbeikam (den bisher niemand von uns gesehen hatte), um sein Beileid auszusprechen und den Ablauf einer Gedenkfeier auf dem Campus zu erklären, die ein paar Tage später stattfinden sollte. Niemand wollte als Erster gehen, aber schließlich sagte Susannah, sie hätte eine Probe, und küsste Brians Eltern auf die Wange, bevor sie sich in den Schnee davonmachte. Andere folgten ihrem Beispiel, und ich wollte gerade meine Jacke anziehen, als seine Mutter kam und mir eine Hand auf die Schulter legte.

»Claire«, sagte sie, die Augen noch immer in Tränen. »Danke.« Ich nickte, öffnete den Mund und schloss ihn dann wieder. »Brian hat mir viel von dir erzählt, weißt du das? Wenn ich ihn anrief und hören wollte, wie's ihm so geht, hat er mir immer von dir erzählt.«

Ich wusste nicht, was ich sagen sollte.

»Er war unglaublich.« Es klang so bescheuert. Ich rechnete nicht damit, aber irgendwie führte unsere Unterhaltung dazu, dass ich mein Gesicht verzog und es mit den

Händen bedeckte, weil ich angefangen hatte zu weinen. Sie legte mir wieder die Hand auf die Schulter, und ich fragte mich, was Brian wohl denken würde, wenn er uns sehen könnte.

»James und ich haben gehofft, dass du bei der Gedenkfeier vielleicht eine kleine Rede hältst«, sagte sie. »William und Adam sagen auch etwas, und es wäre schön, wenn du dabei wärst.«

»Klar.« Ich nickte wieder unwillkürlich.

»Gut«, sagte sie. »Ich glaube, das würde ihm gefallen.« Ein kurzes Schweigen trat ein; sie musterte mich. Und zum ersten Mal kam mir in den Sinn, dass sie mich für seine Freundin hielt.

»Klar«, wiederholte ich aus keinem ersichtlichen Grund. Und begriff schließlich, was ich eben versprochen hatte. Worauf ich mich, ohne nachzudenken, eingelassen hatte.

* * *

Am Abend fiel Schneeregen. Dicke Eisschauer prasselten auf unsere Kiefern, und die Straßen in Burlington versanken wieder unter dunklem Matsch. Charlotte und unser schwuler Freund Kyle saßen in meinem Apartment und wollten *Die Royal Tenenbaums* sehen, gaben es aber nach der Hälfte auf, weil das Ganze irgendwie blöd war und wir ein ungutes Gefühl beim Lachen hatten. Ich dagegen versuchte die Vorstellung zu verdrängen, dass ich in zwei Tagen vor die Universität treten und etwas über Brian sagen musste. Mit einem bedruckten Blatt Papier dumm dastehen musste, während Lauren und der Rest still schluchzten. Vermutlich würde ich versuchen, mich von Emotionen überwältigt zu präsentieren, und es unter dem Druck nicht schaffen.

»Wer ist das?«, würde ein Mädchen fragen.

»Anscheinend waren sie zusammmen«, würde ihre Freundin antworten. Dann würden sie mich mit hochgezogenen Augenbrauen ansehen, während das Wachs von ihren Kerzen auf die Pappbechermanschetten tropfte.

Ich hatte Kopfschmerzen, und gegen drei gingen wir schließlich in unsere Betten.

In dem Moment erhielt ich sie. Ohne Betreff; nur der Name, Lauren Cleaver, prangte fett in meiner Mailbox:

Hey, ich muss dich um einen Gefallen bitten, der ein bisschen drängt. Ich wäre dir dankbar, wenn du mich anrufen würdest, verstehe aber, wenn du es nicht möchtest. Gib Bescheid, wenn du nicht möchtest, damit ich eine andere Möglichkeit finde. 9175555837.
L

Ich rief sie sofort an. Es war drei Uhr morgens, aber die Nachricht war um 2.15 Uhr abgeschickt worden, und ich hatte keine Lust zu warten. Es fing an zu klingeln, und ich setzte mich auf.

»Hallo?« Ihre Stimme klang angespannt, aber klar, und mir fiel ein, dass sie Sängerin war.

»Hey. Hier ist Claire.«

»Hi.«

»Hi.« Ungefähr fünf Sekunden lang blieb es still, und ich fragte mich, ob sie versuchte, ihr Weinen zu unterdrücken. »Weißt du, wo Brians Tagebuch ist?«

Ich wusste nicht, dass er eins besaß, wollte das aber nicht zugeben. Wieder wurde ich seltsam besitzergreifend, als müsste ich etwas beweisen.

»Nein«, sagte ich. »Ich glaube nicht.«

»Okay. Es müsste in der dritten Schublade seiner Kommode liegen. Wahrscheinlich bewahrt er es immer noch dort auf.«

»Na gut.« Ich war mir nicht sicher, worauf das Ganze hinauslaufen sollte. Ich hörte ein leises schmatzendes Inhalieren und merkte, dass sie eine Zigarette rauchte. Das ärgerte mich.

»Meinst du, du könntest es holen?«

»Warum?«

»Weil er bestimmt nicht möchte, dass seine Eltern es lesen.« Einen Moment lang blieb ich stumm, und wir ließen die Stille wieder zwischen uns hängen. »Ich habe lange darüber nachgedacht. Es hat ihm viel bedeutet. Seine Eltern werden sein Zimmer ausräumen, und wenn sie es lesen, wird es sie aufregen und ... ihn.«

»Warum holst du es nicht?«

»Weil ... Ich hab keinen Grund, in sein Zimmer zu gehen.« Ich dachte kurz darüber nach.

»Warum fragst du nicht William?«

»Ich will nicht, dass William es liest.«

»Aber ich soll es lesen, ja?« Ich war ernsthaft verwirrt. Sie schwieg einen Moment, und ich hörte sie wieder inhalieren.

»Du wirst es nicht lesen«, sagte sie. Es war ein Befehl, keine Frage, und mir gefiel der Ton nicht, in dem sie mit mir redete. Ich hatte sie immer für schüchterner gehalten, weicher. »Ruf William an und sag ihm, du hast ein paar Sachen dort liegenlassen und möchtest sie abholen … du hast doch dort geschlafen, oder?«

Ich sagte nichts. Sie ebenfalls nicht. Ich hielt den Hörer ans Ohr gepresst, aber es klang, als hätte sie ihren weggenommen, und ich fragte mich wieder, ob sie ihr Weinen zu unterdrücken versuchte.

»Hör zu«, sagte sie schließlich. »Es ist so. Er würde nicht wollen, dass seine Eltern es lesen, okay? Und sie würden es auch nicht lesen wollen. Es stehen unschöne Sachen über sie und ihn drin und – wenn du es nicht machst, lass ich mir was anderes einfallen.« Ich musste kurz daran denken, als ich sie das erste Mal gesehen hatte: singend in diesem Keller, mit der Ukulele und roten Paprika-Lämpchen. Sie hatte so locker und lässig gewirkt. Mich hätte interessiert, ob sie nach ihrem Auftritt mit jemandem rumgemacht hatte. Nicht mit Brian natürlich, aber irgendeinem anderen Jungen mit unrasiertem Gesicht. Mich hätte interessiert, ob er jetzt in ihrem Leben war. Ob sie einen Typen hatte, auf dessen Bett sie sich freute, wenn alles langweilig war. Ob er wusste, wo sie heute Morgen gewesen war, und wie er dazu stand.

»Gut«, sagte ich. »Ich mach es.«

»Danke.« Wieder trat Schweigen ein, und ich war mir nicht sicher, ob ich auflegen sollte. Ob sie wusste, dass ich bei der Gedenkfeier eine Rede halten würde? Vermutlich ja. Ich überlegte, ob ich etwas sagen sollte, ließ es aber sein, und wir blieben noch eine Weile am Telefon, im Schneidersitz auf unseren Betten.

»Wiedersehen«, sagte sie plötzlich und legte auf, bevor ich antworten konnte. Ich wollte ins Bett gehen, konnte aber nicht schlafen – und klickte dann ihre siebenhundert Facebook-Fotos durch, bevor ich mit der Hand auf dem Laptop einschlief.

* * *

Die Frage, ob ich es lesen würde oder nicht, stellte sich gar nicht. Sobald ich das abgewetzte Ledertagebuch hatte – heimlich entwendet, wie vorhergesagt, aus der dritten Kommodenschublade –, ging ich in unserer Zentralbibliothek nach oben ins Magazin. Ich hatte noch einen Pullover mitgenommen, einen schlichten grünen, den er oft trug, der aber nicht auffällig genug war, um als seiner erkannt zu werden, und zog ihn an; er verlieh mir ein Gefühl von Traurigkeit und Sicherheit gleichzeitig. Ich setzte mich an einen alten Tisch und blätterte es von hinten durch, bis ich zum ersten Mal auf meinen Namen stieß. Seine Sätze waren kurz, schmucklos, wiederholten sich, und es war klar, dass er niemanden anlog. Ich überflog es kurz, ließ die Augen über die Seiten gleiten und las Absätze, Auszüge, Listen:

Ich verhalte mich komisch. Ich weiß, dass ich mich gern ablenke. Die Sache mit Claire ist irgendwie ungewiss. Eine Ablenkung. Betr: Das mit Lauren verstehe ich immer noch nicht ganz. Ich tu so, als wäre alles bestens, und auch jetzt beschäftige ich mich mit Fragen um Claire anstatt …

Lauren am Samstag: Ich schickte ihr eine Chat-Nachricht, auf die sie nicht reagierte (sie war bei einer Bandprobe), dann schrieb ich ihr eine SMS. Sie antwortete am Ende der Probe, dann antwortete ich, dann antwortete sie entweder nicht oder doch, während mein Akku leer war. Dann schrieb ich ihr eine E-Mail, die sie vielleicht gesehen hat oder nicht, aber nicht beantwortet hat und …

In letzter Zeit war ich irgendwie gefühllos. Als würde ich allen etwas vorspielen – aber vielleicht liegt es nur daran, dass ich es gewöhnt bin, verliebt zu sein. Ich kann sie z. B. umarmen und ihren Hals streicheln, aber es ist nicht echt. Es fehlt der Wunsch nach Nähe. Wahrscheinlich spürt sie es auch, aber es ist komisch, denn ich warte auf ihre SMS und hoffe, dass sie sich meldet, und wenn sie es nicht tut, werde ich richtig sauer. Ich weiß, dass sie mit dem Antworten wartet, und das ist …

Ich muss die Sache langsamer angehen. Ich lass mich nicht auf andere ein, solange ich mit ihr zusammen bin, und vielleicht sollte ich nicht so schnell was Ernstes anfangen. Andererseits hat William recht mit seiner Einstellung »warum Alternativen suchen, wenn die jetzige gut ist«. Ich mag Claire. Vielleicht muss ich mir das endlich eingestehen. Ich möchte eine Freundin, die das Leben liebt, die begeisterungsfähig, optimistisch und kreativ ist, die den Eindruck erweckt, Tiefgang zu haben. Vor der ich mich nicht aufspielen muss. Mit der ich reden kann. Vor allem anderen wünsche ich mir Aufrichtigkeit, wahrscheinlich weil Lauren und ich das verloren hatten. Ich glaube nur nicht, dass es Claire ist – irgendwie ist sie immer so traurig und selbstkritisch. Oder vielleicht ist sie es doch, und ich brauche nur Zeit für mich, um …

Diese Woche dachte ich oft, dass Lauren langfristig vielleicht die Richtige für mich ist, und das war deprimierend, weil ich diesen Gedanken schon eine ganze Weile nicht mehr hatte … Nicht, dass unsere Trennung falsch war. Aber vielleicht haben wir uns damit die Möglichkeit für eine irgendwie geartete gemeinsame Zukunft genommen. Vorläufig jedenfalls musste erst mal Schluss sein. Die *Beziehung* musste an diesem Punkt in unserem Leben beendet werden. Aber über *sie* als Mensch bin ich nicht hinweg, das muss ich einfach zugeben. (Ich weiß, ihr geht es genauso.) Vor ein paar Tagen hatte sie einen Gig in Laurence, und mir wurde fast übel bei der Vorstellung, wie viele Typen dort wären …

Letzte Nacht hatte ich einen Traum, in dem Claire und ich einen Lauren/Brian-Status in unserer Beziehung hatten. Sie wollte nichts mit mir unternehmen (jedenfalls hatte ich den Eindruck), und ich überspielte es, indem ich mich erbärmlich verhielt und dauernd so tat, als wäre ich glücklich und cool und lustig, weil ich mir ihrer Gefühle nicht sicher war. So langsam glaube ich, Claire sollte einfach meine Freundin sein!? Ich weiß nicht, woran es liegt. Vielleicht bin ich nur erschöpft. Aber es dämpft auch die Vorstellung von uns als Paar. Warum KÖNNEN wir nicht? Vielleicht zeigt das, dass mit der Beziehung etwas nicht stimmt. Irgendein Grund …

Ich habe fast das Gefühl, dass ich mich mit allem abfinde. Keine Ahnung. Vielleicht bin ich noch nicht ganz über Lauren hinweg (stimmt), vielleicht bin ich mir bei ihr auf einer grundsätzlicheren Ebene nicht sicher. Meine Angst ist natürlich, dass ich mit Claire etwas anfange und dann nicht mehr aufhöre. Ich muss einfach herausfinden, ob sie phantasievoll und spontan ist, mich zum Lachen bringt und gemeinsam etwas aufbauen will. Zusammen mit mir etwas SEIN will. Wahrscheinlich bin ich nicht verrückt nach ihr. Oder bin mir meiner Gefühle nicht wirklich sicher. Sie ist irgendwie affektiert, und das ist unattraktiv. Sie hat oft so einen gewissen Gesichtsausdruck. Leicht unnahbar und großäugig, und wenn sie irgendwohin schaut oder etwas am Computer liest, spitzt sie die Lippen. Das törnt mich richtig ab. In solchen Momenten betrachte ich sie und denke nur, Scheiße, ich muss da raus. Und dann tut es mir leid, weil ein Teil von mir sie wirklich mag. Lauren war schärfer – oder hatte zumindest einen schöneren Körper (besser in Form). Und der Sex war besser. Aber das liegt vermutlich daran, dass Claire immer so unsicher ist, wenn sie nackt ist und …

Ich ging auf die Toilette und übergab mich. Ich spülte mir den Mund überm Waschbecken aus, aber mir wurde wieder übel und ich übergab mich ein zweites Mal, setzte mich hin und presste die Finger in die Stirn. Noch nie im Leben war ich mir so abstoßend vorgekommen. Nicht abstoßend – aber leer, geschlagen, als hätte mir jemand einen Schraubenschlüssel in den Bauch gebohrt und umgedreht. Ich versuchte mir einzureden, dass ich ähnliche Gedanken gehabt hatte. Versuchte mir die Pro-und-Contra-Liste ins Gedächtnis zu rufen, die Charlotte und ich in der Höhle meines Schlafzimmers diskutiert hatten: Er war zu gefühlsbetont, zu eingebildet, duschte nicht oft genug. Und ich hatte auch schon besseren Sex gehabt. Aber das spielte keine Rolle.

Ich ging aus der Toilette, stieg die schmalen Treppen zwischen den Büchern nach unten und trat auf die Straße in die gleißende Sonne. Ich klappte mein Handy auf, um Charlotte anzurufen, merkte aber, dass ich ihr eigentlich nichts zu sagen hatte. Ich lief ein Stück die Pear Street entlang, vorbei an Leuten, die mich nicht kannten, und fühlte mich anonym und dick. Am Kolleghof blieb ich stehen und drehte um, weil ich kein Ziel vor Augen hatte; ich überlegte, ob ich Kyle eine SMS schreiben sollte, merkte aber wieder, dass allein der Gedanke, etwas formulieren zu müssen, zu anstrengend war. Ich glaube, in diesem Moment wollte ich wirklich nur eines: Brian eine SMS schreiben und in sein Bett kriechen; mich über ihn und die Gedenkfeier und seinen Tod beklagen und in seinen um mich geschlungenen Armen einschlafen, die zersausten Haare auf seinem Laken. Ich nahm mein Handy und rief Lauren Cleaver an.

»Hallo?«, sagte sie.

Da legte ich auf.

Am Abend dröhnte ich mich richtig zu. Ich hatte vier Drinks, bevor wir auf die Party gingen, und zog ein paar Lines in der Toilette, was ich selten mache. Spencer war der mit dem Koks, wie immer, und er schleppte mich und Kyle hinter sich her und verriegelte die Tür.

»Claire-Bär«, sagte er. »Claire, Darling, du darfst zuerst, armes Mädchen.« Er war noch schwuler als Kyle, und wir wechselten einen Blick.

»Wir reden nicht darüber«, sagte Kyle. »Das ist die Regel.«

»Das ist nicht die Regel«, fauchte ich. »Du tust, als wäre ich eine Idiotin.«

Jetzt wechselten Kyle und Spencer einen Blick, und mir fiel ein, dass sie im zweiten Studienjahr ein paar One-Night-Stands miteinander gehabt hatten. Ich hatte damit gerechnet, dass auf der Party alle mitfühlend wären und mir ihr Beileid aussprechen würden, doch das Gegenteil war der Fall. Wahrscheinlich hatten alle Angst, auf mich zuzugehen, oder sie dachten, es stünde ihnen nicht zu. Entweder das, oder es wussten weniger Leute von Brian und mir, als ich gedacht hatte.

»Hey, ich geh jetzt«, sagte ich, darum bemüht, aufrichtig zu klingen. »Mir geht es gut, wirklich, wir sehen uns gleich.«

»Clairee«, gurrte Spencer.

»Hört zu, mir geht es gut«, wiederholte ich. »Um nicht zu sagen, großartig.«

Und das stimmte. Mit dem Koks wurde ich sofort wütend, ich fühlte mich stark. Scheiß auf Brian, dachte ich jetzt. Scheiß auf Brian und Lauren und seine Eltern und die Gedenkfeier. Es war unfair von ihnen, mich in die Sache hineinzuziehen, und ich verspürte den Wunsch, irgendwen anzuschreien, ein Auto zu klauen und nach Austin zu fahren. Ich würde Lauren nie erzählen, was Brian über sie geschrieben hatte. Dass er die ganze Zeit noch an sie gedacht hatte. Dass er ihre Entscheidung angezweifelt und gehofft hatte, sie würde sich bei ihm melden. Ich stellte mir vor, dass es ihr ähnlich ergangen war – sie ihn nachts allein geliebt und an ihn gedacht hatte, während sie mit anderen Typen zusammen war –, und ihr dieses Wissen vorzuenthalten, ihr irgendetwas vorzuenthalten, erfüllte mich mit Genugtuung.

Die Musik pulsierte. Ich schlängelte mich an Leuten mit roten Bechern vorbei, auf der Suche nach mir bekannten Gesichtern. Ich war jetzt selbstsicher, trotzig, und ich wollte mich ein paar Leuten anschließen. Um ihnen eine Geschichte zu erzählen und sie lachen zu hören. Aber irgendwie fand ich niemanden, den ich gut kannte, und die vielen Gesichter im Wohnzimmer in 398 Brown Street kamen mir jünger denn je vor.

»Wer sind all die Leute?!«, rief ich einem Studenten neben mir zu. Ich hatte ihn noch nie gesehen.

»Was!?«, rief er zurück.

»Ich sagte, wer sind all die Leute? Ich hab das Gefühl, die sind alle achtzehn!«

»Was!?«, sagte er wieder. Aber diesmal ging er schulterzuckend an mir vorbei, und ich ging wieder ins Bad, wo Kyle und Spencer miteinander rummachten.

»Oh, Entschuldigung«, sagte ich und wich zurück, aber Kyle öffnete gleich darauf wieder die Tür.

»Los, komm«, sagte er und packte mich an den Schultern. »Gehen wir nach Hause.«

* * *

Am nächsten Morgen wachte ich mit Kopfschmerzen hinter dem linken Auge auf und dachte ernsthaft daran, Brians Mutter anzurufen und ihr zu sagen, dass ich es einfach nicht machen konnte. Dass es zu hart wäre. Aber insgeheim, tief im Inneren, wollte ich es machen, denn ich rief den ganzen Vormittag nicht an, und als die Sonne wieder unterging, war mir klar, dass es für eine Absage zu spät war. Ich musste etwas vorbereiten und damit basta.

Ich öffnete ein Worddokument und starrte es ein paar Stunden lang an. Charlotte brachte mir ständig etwas zu essen, weil sie mich unterstützen wollte und nicht wusste, was sie sonst tun sollte, aber ich ließ das meiste neben dem Computer kalt werden – mit Brians Bemerkungen über meinen Körper noch frisch im Kopf. Gegen vier schauten wir uns das Ende der *Royal Tenenbaums* an (Charlotte dachte, ein Neuanfang könnte mir guttun), aber hinterher war ich genauso verloren wie zuvor. Ich spielte mit dem Gedanken, das Ganze in Keats »Griechische Urne« einzubinden – und darüber zu reden, dass das Festhalten eines Augenblicks stillstehenden Glücks etwas Romantisches hat. Aber das Ganze erinnerte mich zu sehr an einen Englischaufsatz, und mir wurde klar, dass ein optimistischer Ansatz nicht angebracht war.

Gegen zehn Uhr am Abend geriet ich langsam in Panik. Der Druck des Termins und der Aufgabe, die ich zu erfüllen hatte, ließen meinen ohnehin schon benommenen Zustand deutlich zutage treten. Ich war durcheinander, angespannt und unruhig – weniger durch die Umstände an sich, als durch meinen Auftrag, sie zu beurteilen. Wie fühlte ich mich? Wie sollten wir uns alle fühlen? Was sagte Brians Tod über unsere Generation? Die Vergänglichkeit des Lebens? Das Bedürfnis zu lieben?

Ich verzichtete auf Tiefgründigkeit und versuchte, ehrlich zu schreiben. Brian war unglaublich gewesen. Selbst wenn er mit eigenen Arbeiten und Themen beschäftigt war, nahm er sich immer die Zeit, anderen zuzuhören. Doch sobald ich solche Sätze schrieb, fielen mir Bruchstücke aus seinem Tagebuch ein. »Ich habe fast das Gefühl, dass ich mich mit allem abfinde.« »Es fehlt der Wunsch nach Nähe.« »Lauren war schärfer – Claire ist immer so unsicher, wenn sie nackt ist.« Sie trafen mich zutiefst. Ich geriet in eine Unsicherheit, wie ich sie bisher nicht gekannt hatte, und ich hatte Angst, diese Unsicherheit zuzugeben.

Ich hasste Lauren Cleaver mehr als jeden anderen Menschen in meinem Leben, und ich fragte mich an diesem Tag oft, ob sie mich das Tagebuch absichtlich hatte holen lassen. Sie wusste, ich würde es lesen, wusste, es würde mich verletzen. Aber ich erinnerte mich an ihr geschwollenes Gesicht, ihre ratlosen Augen, und hatte einen völlig anderen Gedanken: Sie hatte mich aus Selbstschutz darum gebeten. Aus Angst vor dem, was sie womöglich lesen würde. Aus Angst vor der Ablehnung, die ihr womöglich entgegenschlagen würde.

Ich wollte schon aufgeben und mir vornehmen, früh aufzustehen, als wieder eine E-Mail ohne Betreff in meinem Posteingang landete:

Hey.

Danke für heute. Ich weiß, Brian wüsste das sehr zu schätzen.

Entschuldige, wenn ich gestern Abend kühl war – die letzten Tage waren für mich ziemlich hart. Aber das waren sie ja auch für dich.

Ich schicke dir im Anhang einige Gedanken, die du morgen vielleicht verwenden kannst. Du musst es nicht verwenden, aber ich dachte, ich schulde dir was.

L

Ich öffnete den Anhang. Er enthielt Texte seiner Lieblings-songs, die Kopie eines Gedichts, das er im ersten Studien-jahr geschrieben hatte. Von ihm stammende Äußerun-gen, was er »später« mal werden wollte, ein Link zu einem lustigen Kommentar, den er in der Schulzeitung geschrie-ben hatte. Außerdem hatte sie einige seiner typischen Eigenschaften aufgelistet – er war liebenswert selbstsicher, konnte aufrichtig staunen und andere mit seiner Begeiste-rung anstecken.

Ich wollte es nicht sein, aber ich war dankbar. Ich stellte das geöffnete Dokument neben meines und fing an zu schreiben. Ich klickte auf den Link zu seinem Arti-kel, hörte mir die erwähnten Songs an und notierte mir schnell den Text. Ich war so erleichtert und vertieft in das neue Material, dass ich erst dreißig Minuten später zum ersten Mal an Lauren dachte, ohne gleichzeitig an mich zu denken. Sie liebte Brian. Das stand absolut und unzweifel-haft fest. Und ob es ihm bewusst war oder nicht, er liebte sie auch. Zuerst hatte ich gedacht, es sei ein Gefallen, eine Art Dank für das Holen des Tagebuchs. Aber als ich ihr Dokument noch einmal durchging, wurde mir klar, dass es mit Sicherheit nicht als Hilfe für mich gedacht war. Ganz und gar nicht.

* * *

Ich beendete einen Entwurf meiner Rede und duschte zum ersten Mal seit zwei Tagen. Meine Haare waren durchein-ander und hinten verfilzt, es dauerte fast zwanzig Minu-

ten, bis ich sie mit meinen verschrumpelten Fingern ent-
wirrt hatte. Nach der Hälfte war ich erschöpft und setzte
mich im Schneidersitz auf den Boden der Dusche, das
Wasser prasselte auf meinen geduckten Rücken, hallte wider und erfüllte meinen Kopf mit seinem steten Rauschen.
Hinterher zog ich Brians Pullover an und legte mich wieder ins Bett. Ich würde es ihr sagen. Sie wissen lassen, was
Brian geschrieben hatte – sie sollte es selbst lesen. Nur damit du es weißt, würde ich in einer E-Mail schreiben, er
hat dich die ganze Zeit geliebt.

Doch bevor ich den Computer einschaltete, holte ich
noch einmal sein Tagebuch aus meinem Rucksack. Es war
lang, beneidenswert voll, und diesmal schlug ich es ziemlich am Anfang auf. Ich war müde und verletzt, und die
Kopfschmerzen hinter dem linken Auge waren nicht ganz
verschwunden, aber ich las die Liebesgeschichte von Lauren Cleaver und Brian bis 5.30 Uhr am Morgen.

Die Gedenkfeier verlief ruhig. Fünf- bis sechshundert
Studenten versammelten sich am nächsten Abend um
19.30 Uhr auf dem Hauptplatz, und das Büro des Kaplans
gab kleine, in Pappbechern steckende Kerzen aus. Ich
fragte mich, ob sie die bei jeder Gedenkfeier wieder verwendeten, verwarf den Gedanken aber, als ich zu William,
Adam und Brians Eltern geführt wurde. Sie sagten ihre
Worte und ich meine. Seine Mutter bemühte sich um Fassung, als sie sich kurz an die Studenten wandte und der
Universität dankte. Als ich das Podium betrat, befürchtete
ich, die Leute würden flüstern oder sich fragen, warum ich

eine Rede hielt, aber das war nicht der Fall. Ich bin mir nicht mal sicher, ob sie einen Unterschied zwischen meiner Rede und denen der anderen bemerkten. In der ersten Hälfte der Gedenkfeier hatte ich Laurens Gesicht in der Menge gesucht, es aber nicht entdeckt und mich gefragt, ob sie beschlossen hatte, nicht zu kommen. Kurz vor meiner Rede jedoch entdeckte ich irgendwo hinten links ihr erdbeerblondes Haar, das im Licht ihrer kleinen Kerze schimmerte. Als ich seinen Artikel zitierte, lachten die Anwesenden leise, und als ich aus seinem liebsten Song las, wurden sie still. Er war angenehm selbstbewusst, sagte ich, konnte aufrichtig staunen und andere mit seiner Begeisterung anstecken. Ich schaute Lauren dabei unverwandt an, und sie nickte.

Nach der Gedenkfeier spielten Dudelsäcke. Ich wartete bei den anderen, während die Studenten langsam ihre Kerzen ausbliesen und über das gewachste Gras in ihre Unterkünfte oder Bibliotheken gingen. Lauren verabschiedete sich von seiner Familie, aber ich merkte jetzt, dass sie sich in ihrer Rolle genauso unwohl fühlte wie ich mich.

Ich fing sie ab, ehe sie die Chance hatte, durch das Tor zu verschwinden.

»Hey«, sagte ich.

»Hi.« Wir standen eine Weile schweigend da.

»Danke. Das war … es hätte ihm gefallen.«

»Ich danke dir«, sagte ich verlegen. »Für die Sachen.«

»Kein Problem.« Sie senkte den Blick. »Ich war mir nicht sicher, ob du was davon verwendest. Du hast dich nicht bei mir gemeldet.« Ich sagte nichts, schaute sie nur an und stellte fest, dass sie wieder angefangen hatte, leise zu weinen.

Ich dachte an alles, was er in seinem Tagebuch über sie geschrieben hatte. Am Morgen nach ihrem ersten Kuss hatte er vierzig Minuten gebraucht, ihr eine dreizeilige E-Mail zu schreiben. Das Bowlingspiel, bei dem sie auf der Toilette high wurden, wie er ihr Schlüsselbein beschrieben hatte, ihr Lächeln und das erste Mal, als er ihre Band während des Sturms im Keller sah. Wie sie das erste Mal Sex hatten und kein Kondom verwendeten, und wie er das erste Mal an Thanksgiving mit zu ihr nach Hause kam und ihre alkoholkranke Mutter kennenlernte, und die Diskussion, die sie hinterher darüber führten. Wie er sie gehalten und ihr gesagt hatte, es sei in Ordnung und dass er immer für sie da wäre. Das schlechte Gedicht, das er für sie schrieb, und der gute Song, den sie für ihn schrieb. Als sie dachten, sie sei schwanger, und als ihr Großvater starb. Wie sie einander ihre Liebe beteuert hatten, jetzt und für immer. Seine Sorge, dass er sie mehr liebte als sie ihn, und dass sie in einen Typen namens Emmanuel verknallt war. Und dann schrieb er, wie die Beziehung sich abgenutzt hatte. Wie alles sich wiederholte und zur Gewohnheit wurde. Wie er morgens aufgewacht war und sich nicht mehr umgedreht hatte, um sie zu küssen. Wie er angefangen hatte, sich über die nicht mit seinen Freunden verbrachte Zeit zu ärgern und über ihre Nörgelei. Wie er immer häufiger andere Mädchen angesehen hatte und in Gedanken Vergleiche anstellte. Wie Lauren ihn allmählich ebenfalls ignorierte und sie trotzdem noch sechs Monate, noch ein ganzes Jahr weitergemacht hatten. Wie es schließlich vorbei war und er sich frei und jung und energiegeladen gefühlt hatte. Und wie er sie dann wieder vermisst hatte und an sich zweifelte. Dass er sie immer noch liebte, auch wenn er es nicht verstand, und dass ich letzten Endes nicht mit ihr zu vergleichen war.

Ich hatte ihre Geschichte in meiner Tasche. Das Geheimnis, dass auch er nie losgelassen hatte. Verewigt in einem Tagebuch, in das ich einen Brief gesteckt hatte. In dem ich ihr dankte. Und ihr sagte, dass ich nicht mehr mit ihr reden wolle, weil es zu hart wäre. Aber dann sah ich sie an, die Tränen liefen ihr langsam über die Wangen, und mir wurde klar, dass es letztlich besser wäre, wenn ich es behalten würde. Dass es besser wäre, wenn sie es nie erfahren würde.

»Es tut mir leid«, sagte ich. Mehr brachte ich nicht heraus. »Es tut mir sehr leid«, sagte ich. Und ging davon.

* * *

Am Abend ging ich wieder aus. Charlotte, Kyle und ich gingen zu einer Party in der Pear, wo ich diesen Typen namens Marshall sah, den ich aus meinem Russischliteraturkurs kannte, als wir beide auf der Feuerleiter waren, um frische Luft zu schnappen. Normalerweise rauche ich nicht, aber ich schnorrte eine Zigarette von ihm, und er gab sie mir mit einem leichten Lächeln. Marshall sah gut aus. Klug. Und plötzlich wollte ich mehr als alles auf der

Welt, dass er mich liebte. Ich blieb fast eine Stunde lang mit ihm da, und wir redeten über vieles und rückten immer näher zusammen. Schließlich war uns beiden kalt, und er fragte mich, ob ich mit zu ihm gehen wolle. Ich wollte. Ich hatte noch nie etwas so sehr gewollt. Aber während er mich anlächelte und den Reißverschluss an seiner Jacke zuzog, sah ich, wie eine Welt sich aufbaute und dann wieder in sich zusammenfiel.

Winterferien

Ich war stoned, als ich die eskimohafte Gestalt mit einer Taschenlampe und einem Cockerspaniel die Straße entlangstapfen sah. Die vereisten Bäume hingen über der Straße, und meine benommenen Synapsen ließen die Vorstadt wie eine Höhle aussehen. Die Gestalt trottete weiter, während ich meine steifen Finger bog und sie stumm bei laufendem Radio und trockener Heizungsluft aus meiner heißen Kiste beobachtete. Während des Semesters hatte ich vergessen, wie still Michigan war – die verschlafenen Häuser, die Spuren der Autos im Schnee. Ich schaltete die Lautsprecher aus und bremste sanft. Alles, was sich bewegte, war der auf und ab wippende gelbe Lichtstrahl der Taschenlampe meiner Mutter, die meinen Hund von Tannenzapfen, Einfahrten und fremder Pisse wegzerrte.

Ich hatte meinen Eltern gesagt, ich würde gegen zehn kommen, damit mir vorher noch Zeit für einen Besuch bei Sam blieb. Als ich bei ihm war, gingen wir gleich auf sein Zimmer und noch in Kleidern in sein Bett, pressten unsere Gesichter aneinander, ohne uns auch nur zu küssen. »Ich bin da«, sagte ich, und wir schmiegten uns ungläubig aneinander. Es war unser erstes Wiedersehen nach langem Getrenntsein, und ich begriff endlich den Reiz der Selbstentbehrung.

Wir verbrachten ungefähr eine Stunde im Bett, ehe ich mich aufraffte und wieder im Auto saß, zusammen mit ihm auf dem Beifahrersitz, während die Fenster vereisten und wir einen dünnen Joint rauchten. »Bleib hier«, sagte er und biss mich in die Schulter. »Immer gehst du weg.« Ich atmete langsam den Rauch aus und lehnte meinen Kopf an seinen Hals. Der Gedanke, in seinem Bett zu schlafen, zerrte am Bild meiner Mutter, die mit inzwischen kalt gewordenem Gebäck in der Küche wartete.

»Morgen«, sagte ich, drückte seine Hand und richtete mich auf. »Die erste Nacht muss ich zu Hause schlafen.«

Sie sah mich eine ganze Weile nicht. Ich weiß nicht genau, warum ich im Auto wartete, aber aus irgendeinem Grund hatte ich keine Lust, mich zu rühren. Der Winter verwandelte unsere Stadt immer in ein schwarzweißes Wunderland, und es war schön, meine Mutter durch seine geborgene Mitte laufen zu sehen. Sie war übertrieben angezogen und spähte aus einem Astronautenparka, zwei Schals und dicken Lederfäustlingen hervor. Trotzdem verströmte sie eine gewisse Eleganz, mitten auf der Straße und völlig unbekümmert, dass ein Auto ihre Wanderung stören könnte. Sie machte das dreimal täglich. Legte meinen Spaniel an die Leine und umkreiste den Block. Meine Brüder und ich hatten seinerzeit um den Hund gebettelt und geschworen, ihn abwechselnd auszuführen. Aber als er dann groß war, waren wir ständig beschäftigt – mit

Hausaufgaben, Freunden oder irgendeinem Projekt, das genau dann begonnen werden musste.

Ich rollte das Fenster herunter und spürte einen kalten Luftschwall im Gesicht. Mein Hund stieß ein leises Winseln aus, Zweige knackten im Wald, und etwas an der Stille oder meiner Gemütsverfassung erinnerte mich an die bemerkenswerte Tatsache, dass überall in der Welt gleichzeitig weitergemacht wurde. Ich dachte an meine Mutter, die ihre Runden in der Vorstadt drehte, während ich in düsteren Studentenverbindungen trank, mich mit Sam auf Video unterhielt oder träge in meinem Wohnheim schlief, während es draußen schneite. Im selben Moment liebte ich sie auf eine Weise, die mir den Magen zusammenzog.

»Mom!«, rief ich aus dem Seitenfenster. Der Hund bellte, und sie fuhr herum, erstarrt wie ein Reh im weißen Licht. Sie versuchte kurz, durch die blendenden Scheinwerfer zu sehen. Im selben Moment fiel mir etwas auf, das mir bisher entgangen war oder das ich, falls ich es bemerkt hatte, lieber ignoriert hatte. Da war eine Zerbrechlichkeit in ihrer Haltung, eine Hohlheit in ihren Wangen. Sie wirkte müde und fror, bis sie mich schließlich erkannte, ihre Miene sich aufhellte und sie meinem brummenden Auto entgegenlief. Aber ich verdrängte den Gedanken, weil ich mich freute und sie liebte, und vor allem, weil ich solche Erkenntnisse nicht mag, wenn ich high bin.

Als ich am nächsten Morgen aufwachte, war meine Mutter im Keller und sortierte Socken. Ich war froh, zu Hause zu sein, und fand es schön, an die Stellen erinnert zu werden, wo unsere Fußböden knarrten. Mein Semester an der Uni war gut gelaufen, aber mir hatte mein Zuhause auf eine neue Weise gefehlt, die ich nur Sam zuschreiben konnte. Wir hatten uns im Sommer kennengelernt, bei der Arbeit am See, und ich hatte Michigan so romantisiert, dass es immer über unseren Telefonaten schwebte. Mein Vater sagte gern, dass wir uns in der Mitte der Mitte befinden würden, aber Erie im Norden war nicht unbedingt das Zentrum des Geschehens. Im August waren Sam und ich im Zug achtzehn Stunden nach New York gefahren, gemütlich auf Fensterplätzen und einen iPod teilend. Danach sehnte ich mich nach dem Kameradschaftsgeist der Stadt. Energie und Kunst und durchgemachte Nächte. Als ich das meinem Vater erzählte, sagte er, New York sei billig, und meine Eltern meinten lachend, sie würden nie mehr dorthin zurückgehen.

Doch in dieser Zeit fand ich alles romantisch. Ich gestand der Welt eine seltsame Großzügigkeit zu. Ideen überzeugten mich, und gewöhnliche Unternehmungen hatten etwas fast schwindelerregend Neues. Wahrscheinlich lag das teilweise am Gras. Ein Joint war immer gut, bevor man etwas machte. Wir konnten Skaten oder Bowlen gehen, ohne uns lahm vorzukommen. Und so reichten wir die Pfeife hinten in meinem Auto herum und wechselten zwischen überkritischen Analysen und leeren Blicken. Im Juli kam ich spät nach Hause, und mein Vater war in der Küche, betrunken und endlich essend.

Mikrowellengeeignete Würstchen, Aufschnitt, Eiscremeverpackungen, an denen Messlöffel schepperten. Manchmal machte ich Pasta, und wir sahen uns beim Essen CSI an. Bei anderen Gelegenheiten fragte ich ihn, warum er um drei Uhr morgens noch wach war, und roch an seinen Getränken, wenn er gerade am Kühlschrank war.

Ich ging nach unten und setzte mich auf den Teppich zu meiner Mutter. Meine Schmutzwäsche aus dem Studentenwohnheim lag schon in ordentlichen Stapeln zusammengefaltet neben dem Regal. Sie sah jung aus für fünfzig – dünn, blond und immer noch in der Lage, ihre Beine nach hinten zu knicken, während sie Blaugestreiftes, Grünes und die verschiedenen Weißtöne suchte. Wir unterhielten uns eine Weile über Kurse und Essen. Bei kleinen Geselligkeiten oder Elternabenden hörten wir oft, wir würden uns ähnlich sehen. Mir selbst war das noch nie aufgefallen – für mich war ihr Lächeln einfach nur stimmig.

»Und jetzt erzähl mir von Sam«, sagte sie. Natürlich mussten wir irgendwann bei diesem Thema landen. »Ich hab ihn kaum gesehen, bevor du zurück an die Uni gefahren bist.«

»Doch, hast du«, sagte ich und flocht mein Haar neu. »Wir waren ständig hier.«

»Kann sein.«

»Nicht kann sein, doch.«

»Okay, doch.« Sie öffnete den Trockner und zog ein paar Laken in einen Korb. »Aber du weißt, was ich meine. Wie ist er so?«

»Hm, er ist toll«, sagte ich. »Er studiert Astronomie in Eastville, aber vielleicht bricht er das ab und macht irgendwas mit Literatur.«

»Wow.«

»Ja. Er ist ziemlich klug. Das ist schön, wir unterhalten uns oft über wichtige Themen. Nicht wie mit Chris.«

Sie lächelte. »Und ihr wart das ganze Semester zusammen? Du hast nicht mal …« Ihre Stimme erstarb.

»Ähm, nein«, sagte ich. Ich wartete kurz auf ihre Reaktion. »Eigentlich finde ich es beleidigend, dass du das sagst.«

»Addie, ich wollte dich nicht beleidigen, ich meine nur, ihr habt euch ziemlich lange nicht gesehen.« Mir wurde klar, dass sie es aufrichtig meinte. Ich ging die Bruchstücke durch, die meine Mutter mir aus ihrem Leben vor meinem Vater erzählt hatte, und versuchte mich zu erinnern, ob lange Pausen und Entfernungen dabei gewesen waren.

»Stimmt«, sagte ich.

»Warst du mit jemandem liiert?«

»Nein. Mom, ich will nicht darüber reden, so ist das nicht. Und sag nicht ›liiert‹.« Sie wirkte gekränkt, und ich fühlte mich sofort mies.

»Okay. ›Verknallt‹. Tut mir leid, mir war nicht klar, wie ernst es ist. Das ist toll, Liebes.«

»Ja.« Ich wartete kurz und überlegte, ob es fair wäre fortzufahren. »Es war wirklich schön, die ganze Zeit jemanden um mich zu haben, verstehst du? Nicht wirklich um mich, aber dass mir zum Beispiel jemand SMS schickt und an mich denkt, wenn ich in einem Kurs oder auf irgendeiner Party war.«

»Wie romantisch.« Wieder lag eine Aufrichtigkeit in ihrem Blick, die mir einen Stich versetzte.

»Wo ist Dad?«

»Schläft.«

»Er schläft? Es ist zehn Uhr.«

Sie zuckte die Schultern. »Du solltest irgendwann mit deinem Bruder spielen. Er hat ständig gefragt, wann du nach Hause kommst.« Sie mochte das. Der Altersunterschied zwischen ihren Kindern war so, dass sich alle gut verstanden. Meine Brüder und ich hatten nie die Gelegenheit gehabt, uns gegenseitig zu verprügeln – wir waren immer zu jung oder zu alt.

Meine Familie war wie jede andere, funktional genug, um funktional zu sein. Erst im College wurde mir klar, dass jede Familie ihre eigenen verkorksten Geschichten hat. (Kaylies Bruder kokste, und Max' Vater war insgeheim schwul.) Bei uns gab es nichts dergleichen. Vielleicht war das Problem, dass wir eigentlich nicht viel hatten. Meine älteren Brüder arbeiteten in Chicago, und Kyle war als Einziger noch zu Hause. Unsere Eltern stritten sich nicht im üblichen Sinn, weil sie vermutlich fanden, dass es sich nicht lohnte. Solange ich mich erinnern kann, stand meine Mutter morgens um sechs auf, um ihr Fitnesstraining zu machen und sich ihren zehntausend Projekten zu widmen. Sie aß Salate und Sojasachen, kochte aber für den Rest der Familie normal. Mein Vater arbeitete als Autoverkäufer und war sehr dünn. Meine Brüder und ich erkannten den muskulösen Mann kaum wieder, der auf den Hochzeitsfotos neben unserer Mutter stand. Ich wusste, dass sie das störte. Das Problem war, dass er es eigentlich gut meinte. Genau das war der Punkt, er meinte es eigentlich gut.

Was mich anging, wusste ich nicht, was ich wollte. Seit einiger Zeit tüpfelten Zigarettenlöcher meine Röcke, und das Semester hatte der Welt eine Tiefe verliehen, die ich fotografieren oder in Gedichte umsetzen konnte. Alles, was ich erlebte, schien mir erzählenswert, und ich musste mich zwingen, die Geschichten abzubrechen, bevor ich überhaupt anfing. Aber meine beruflichen Ambitionen wechselten immer noch mit dem illegalen Herunterladen von Filmen. Zusammengerollt und mit großen Augen verfolgten Sam und ich gebannt die sechsundvierzigminütigen Dramen – und idealisierten das Streben von Ärzten, Politikern und Astronauten im Weltall. Wir beneideten die Figuren in *House* und *Law and Order*, weil uns alles Normale langweilte oder erschöpfte, und schmusten unsere Lustlosigkeit weg, bis wir daran erinnert wurden, dass wir eigentlich nur im Bett liegen wollten. Ich war zum ersten Mal verliebt, und meine Mutter merkte das.

Als ich wieder nach oben ging, kam ich an der Tür meines kleinen Bruders Kyle vorbei. Es brannte kein Licht, und er saß mit Kopfhörern vor einer Runde *World of Warcraft*.

»Wie geht's?«, sagte ich und lehnte mich an seine Tür. Da er mich nicht hörte, fragte ich noch mal. »Wie geht's, du Computerfreak?« Er drehte sich in seinem Drehstuhl um.

»Hey.«

»Was machst du heute Abend?«, fragte ich. Er war schon wieder bei seinem Spiel und schoss irgendeinen blauen Zauberspruch aus der Hand seiner Figur.

»Nichts.«

»Aber habt ihr nicht gerade Winterferien?«

»Ja.«

»Cool.« Ich lehnte weiter an der Tür und erinnerte mich an die Kellerpartys, auf denen ich in der achten Klasse war. Als wir Wodka aus Evian-Flaschen getrunken hatten und uns durch *Wahrheit-oder-Pflicht*-Spiele würgten.

»Wollen wir später auf dem Trampolin springen? Ich hab am Dienstag den ganzen Schnee weggeräumt.« Er blickte immer noch auf den Bildschirm, klickte geschickt mit der linken Hand, während er mit der rechten hektisch tippte. Ich betrachtete seinen braunen Haarmopp, der im Monitorlicht leicht grünlich schimmerte.

»Ähm, kann nicht«, sagte ich und trat an seinen Schreibtisch. »Ich hab Sam versprochen vorbeizukommen.«

»Okay.« Er trank einen Schluck Rootbeer, das neben der Tastatur stand.

Ich konnte nicht gehen. »Warte, gegen wen kämpfst du eigentlich? Ist das ein Troll oder so was?«

»Das ist ein Oger. Aber meine normale Figur ist eine Blutelfe.«

»Schön«, sagte ich. »Der Kerl erinnert mich an *Avatar*.«

»Nicht wirklich«, sagte er leicht verächtlich. »Bist du morgen da?«

»Ja, klar«, sagte ich. »Ich komm morgen früh zurück.«

»Schön.« Ich wartete. Er tötete etwas, das wie ein Bulle mit Reißzähnen aussah. »Und wie geht es Mom und Dad? Nerven sie dich ordentlich?«

»Kann man sagen.« Ich ärgerte ihn inzwischen. »Mom ist versessen auf meine Hausaufgaben.«

Ich lachte. »Und was ist mit Dad?«

Er wartete kurz, bis er wieder zu klicken anfing. »Hm, wie immer. Er trinkt ziemlich viel.« Damit hatte ich nicht gerechnet. Aber er war schlau, und es war naiv zu glauben, er würde die Vorgänge in seiner Umgebung nicht bemerken. Ich wartete noch ein paar Sekunden neben seinem Computer, dann boxte ich ihn in die Schulter und ging in Richtung Tür.

»Lass das Licht an«, sagte ich und blieb an der Tür stehen, um auf den Schalter zu drücken. »Es ist gruselig, wenn du im Dunkeln dasitzt.«

»Okay.« Er schaute weiter auf den Bildschirm, während ich in mein Zimmer ging, um mir aufreizendere Unterwäsche anzuziehen, bevor ich zu Sam fuhr. Dann war ich weg.

Am Abend gingen wir zum See und liefen bis zur Mitte, wo wir einen Joint rauchten und über das Schicksal der Menschheit redeten. Sam hatte jede Menge Theorien darüber, dass sich das Universum wieder zusammenziehen und dann erneut knallen würde, während ich diesbezüglich ziemlich unentschieden war. Aber ich hörte ihm gern zu. Das Eis war dick genug, um die Autos der Fischer zu tragen, aber es hatte trotzdem etwas Prickelndes, sich dort hinzulegen, wo wir sonst immer Kanu fuhren. Ich ging auf ein College in Ohio, Sams Uni dagegen war gleich um die Ecke. Das Gras weckte den Wunsch in mir, ihn zu fragen, ob er auch mit anderen hierherkam, aber es fing leicht zu schneien an, und so lehnte ich mich stattdessen zurück. Er tat es mir gleich, und unsere Nasen berührten sich.

»Das ist schön«, sagte er.

»Ich weiß.«

»Ich wünschte, es gäbe nur uns.«

»Ich weiß«, sagte ich.

Wir warteten noch eine Weile, bis unsere Köpfe wieder klar waren und unsere Hintern froren. Er musste nicht erklären, was er meinte, denn er wusste, dass ich ihn auch so verstand.

Bei ihm zu Hause duschten wir und schliefen benommen ein, ehe unsere Hormone die Macht ergreifen konnten.

Am nächsten Tag schleppte ich Sam mit zu mir. Er wollte den Tag bei sich verbringen, weil er einen größeren Fernseher hatte und seine Eltern nicht zu Hause waren. Aber ich sagte ihm, dass ich schon gestern Mittag gegangen und am Vorabend spät nach Hause gekommen war und wir außerdem immer bei ihm wären. Als wir in unsere Einfahrt bogen, räumte mein Vater gerade die Treppe frei, und das überraschte mich. Er hatte eine riesige Windjacke an, wir konnten die dunklen Flecken unter seinen Armen sehen. Ein vertrautes Gefühl von Verbundenheit und Scham überkam mich, und dann Scham darüber, dass ich überhaupt so empfinden konnte.

Meine Mutter kam aus dem Computerzimmer, und wir unterhielten uns alle eine Weile in der Küche. Sie blieb auch dann noch, als mein Vater wieder Schnee schaufeln ging, ordnete Papiere und erwähnte interessante Artikel, die sie online gelesen hatte. Sie beobachtete uns, und mir war klar, dass sie jede Regung von uns aufsaugte.

»Was machen Ihre Eltern, Sam?«

»Sie arbeiten in der Schule.«

»Addie sagt, Sie studieren Naturwissenschaft.«

»Ja, Ma'am, zumindest vorläufig.« Er schaute mich herausfordernd an, und ich zog ihn am Hemd, damit er näher kam und seinen Arm um meine Taille legte. Es war als vertrauliche Geste gedacht, um meiner Mutter zu zeigen, dass wir uns in ihrer Nähe wohl fühlten. Aber sie sah uns nur kurz an, verloren, und überprüfte dann irgendwas auf ihrem Handy.

»Ich muss sowieso noch einen Anruf erledigen, ihr zwei könnt also nach oben gehen.« Sie tat jetzt geschäftig, schaute in der Speisekammer nach und öffnete ein paar Schubladen. »Aber danke, dass du mit deiner alten Mutter geredet hast.« Es war ein ehrlich gemeinter Scherz, denn sie hielt inne und lächelte.

»Hab dich lieb«, sagte ich leise und lachte, während wir aus der Küche gingen.

»Stimmt gar nicht.«

»Doch! Wirklich.«

Die Winterferien bescherten uns viele Ausflüge die Treppe hoch. Wir schliefen in Wollsocken ein und wachten verschwitzt auf. Meistens übernachtete ich bei Sam, weil seine Füße aus meinem Doppelbett vorragten. Meine Mutter schlief gewöhnlich schon, wenn ich zu ihm fuhr, aber ich merkte genau, dass es sie irgendwie störte. Ich wusste das, weil sie ständig Frühstücksgerichte vorschlug, die ich vielleicht gern gegen neun essen würde. Mein Vater fand das Ganze vermutlich etwas unpassend; er war unsicher, wie er darauf reagieren sollte, dass seine Tochter in einer ernsten Beziehung aufging. Aber er mochte Sam gern, und bei jedem seiner Besuche sorgte ich dafür, dass sie mindestens zehn Minuten Zeit hatten, um sich über Eishockey zu unterhalten. Eines Abends, als Sam bei mir übernachtete, kam mein Vater herein, als wir gerade *Planet Erde* sahen. Es war schon die zweite Episode, und unser Interesse wechselte gerade von Vampirtintenfischen zu meinem Bett, aber mein Vater fragte, ob es in Ordnung wäre, wenn er sich zu uns setzen würde. Er trank und hatte eine Schale zuckerfreie Götterspeise dabei.

»Klar«, sagte ich und richtete mich auf, damit Sams Arm gerade so eben um meine Schulter lag.

»Gut«, sagte er und setzte sich auf die gegenüberliegende Couch. Bei Sam kam so etwas nicht vor, weil seine Eltern meistens unten arbeiteten. Wir sahen uns Episode drei an, und unsere Gedanken kehrten wieder zu den gruseligen Dingern zurück, die auf dem Meeresgrund leuchteten. Aber nach zehn Minuten schlief mein Vater ein und schnarchte so laut, dass ich gelacht hätte, wenn ich noch in der Highschool gewesen wäre. Wir schalteten den Fernseher aus, und ich legte eine Decke über ihn und warf seine Götterspeise weg, als wir nach oben gingen. Die Art, wie er uns gefragt hatte, ob er sich zu uns setzen dürfe, hatte etwas Peinliches gehabt, das mir nicht aus dem Kopf ging. So eine Art Cafeteria-Einsamkeit, die mir übel aufstieß. Aber dann dachte ich mir, dass die Menschen für vieles nichts können. Ich wollte das fast zu Sam sagen, aber er war schon in meinem Zimmer und zog sich die Schuhe aus. Es war fast zwei, und als ich an Kyles Tür vorbeiging, sah ich seinen Bildschirm noch leuchten.

Manchmal sahen wir uns einen Tag nicht, und ich unternahm allein etwas mit meiner Familie. Meine Mutter und ich gingen ein paarmal in der Mall in Hammond Bay shoppen, und ich half ihr beim Backen eines Käsekuchens mit Zitrone und Ingwer. An einem kalten Dienstag kamen meine älteren Brüder mit einer Fahrgemeinschaft aus Chicago, und wir kauften alle zusammen einen Weihnachtsbaum. Toby und Zach waren älter und immun gegen die Spuren, die sie überall zu Hause hinterlassen hatten. Sie lachten und machten Scherze, während Kyle und ich hinter ihnen herschlichen und gern wieder in die alte Rolle zurückfielen, sie möglichst oft zu beeindrucken. Die Feiertage kamen und gingen scheinbar wie immer, seit ich dreizehn war. Am Morgen des ersten Weihnachtstags schliefen wir deprimierenderweise bis 9.30 Uhr, obwohl ich vermute, dass mein kleiner Bruder früher aufwachte und sich die Strümpfe ansah, bevor er wieder nach oben schlich, bis auch der Rest von uns wach war. Sam kaufte mir eine Halskette mit einem winzigen silbernen Eichel-Anhänger, den meine Mutter am Nachmittag mehr als einmal an meinem Hals bewunderte. Ich schenkte ihr eine Crème-Brûlée-Fackel und eine Fleecejacke, die ich erst perfekt und in dem Moment albern fand, als sie vor Dankbarkeit nach Luft schnappte.

Am Sechsundzwanzigsten kehrten meine Beklemmungen zurück, und immer wenn ich Sam sah, fürchtete ich die Vorstellung, dass wir bald wieder nur telefonieren konnten. Die Ferien waren mir ewig vorgekommen, aber nach Weihnachten schlich sich irgendwie das College wieder in mein Bewusstsein. Als Sam an der Uni war, hatte er mir mal eine SMS geschrieben, dass er nicht reden könne, weil seine Mitbewohner schliefen. Schmunzelnd rief ich ihn trotzdem an – und redete allein ganze acht Minuten lang. Heute ist das passiert. So geht es mir im Augenblick. Deswegen liebe ich dich.

Toby und Zach kehrten in die Stadt zurück, und zu Hause verkrochen sich alle wieder in ihren Schlupflöchern. Ein paarmal ging ich mit meiner Mutter zu einem schrecklichen Yogakurs, wir kicherten hinterher über die Wortwahl der Lehrerin und fühlten uns dabei wie Schwestern. Mein Vater schlief ein paarmal in der Woche unbeabsichtigt auf dem Sofa ein, und ich schauderte bei der Vorstellung, welche Klischees das in Kyles Kopf auslösen könnte. Manchmal unterhielt ich mich mit meinem Vater, wenn ich in meinem verräucherten Auto spät nach Hause kam. Es gab nicht viel zu sagen, aber wir brachten es immerhin auf zehn Minuten, wenn ich mir von ihm den Inhalt der gerade laufenden Episode erzählen ließ. Einmal, als gerade eine zu Ende war und wir eine Schüssel Popcorn verputzt hatten, hielt er kurz inne und betrachtete unseren Hund.

»Deine Mutter scheint zu glauben, dass du mit deinem Sam sehr glücklich bist.« Offenbar hatte sie das Thema angesprochen.

»Ja«, sagte ich. »Das sind wir.«

»Sie sagt, er hat dir diese Kette gekauft.« Er machte eine Geste in Richtung meines Halses.

»Ja. Zu Weihnachten.«

Er nickte, stand fast auf, blieb dann aber in seinem Sessel sitzen. »Ich fand das Windspiel, das ich ihr geschenkt habe, ganz gut.« Er sah mich erwartungsvoll an. Es ist aus Silber, hätte meine Mutter gesagt. Er kaufte ihr etwas aus Silber.

»War es doch auch.« Ich räusperte mich. »Ein echt tolles Geschenk.«

»Morgen hänge ich es auf.«

Diesmal nickte *ich*. »Klar, das solltest du unbedingt. Das Ding soll ganz cool sein.«

»Das mache ich morgen«, wiederholte er und ging zur Spüle.

Er machte es nicht. Und bis wir beide aufgestanden waren, war das Bananenbrot meiner Mutter kalt.

Sams Onkel gab jedes Jahr eine Silvesterparty in Kanada, und in einem Anflug von romantischer Förmlichkeit schlug Sam vor, dass wir uns feinmachen und hinfahren sollten, statt uns bei irgendwem im Keller zu betrinken. Er zeigte mir Bilder vom Vorjahr, während wir darauf warteten, dass unsere Instant-Cookies im Herd buken. Alle trugen Anzüge und tranken Champagner, und Sam meinte, dass am nächsten Tag alle vielleicht Ski fahren würden. Ich beschloss, einen Teil meines Geldes, das ich mir durch einen Studentenjob verdient hatte, für ein Kleid auszugeben, und ging noch mal in ein Geschäft, das ich in der Hammond Bay Galleria gesehen hatte. Ich stand allein vor einem dreiteiligen Spiegel und konnte mich nicht zwischen einem grünen und zwei schwarzen entscheiden. Also richtete ich die drei Spiegelteile aus, fotografierte jedes Kleid mit meinem Handy und schickte es meiner Mutter per SMS. Ich musste sie zweimal anrufen, um ihr zu erklären, wie sie das Bild öffnen musste, aber letztlich fand sie, dass meine Beine in dem grünen gut zur Geltung kommen würden, und so entschied ich mich dafür.

An dem Tag, als Sam und ich aufbrechen wollten, war sie wieder unten beim Sockensortieren. Ich hatte mein grünes Kleid angezogen, um es ihr vorzuführen.

»Was meinst du?«, fragte ich und drehte mich im Kreis.

»Du siehst schön aus«, sagte sie. »Er lässt es dir bestimmt nicht lange an.«

»Mom, also wirklich!« Ich lachte und drehte mich um. »Kannst du den Reißverschluss aufmachen?«

Sie öffnete den Reißverschluss, und ich ging wieder nach oben, um es einzupacken, dann kehrte ich in einer Jeans und einem grauen Pullover zurück.

»Ihr fahrt also heute Abend?«

»Heute Nachmittag, ja.« Ich griff in den Wäschekorb und suchte nach einer Socke mit zwei schwarzen Streifen. »Keine Angst, ich fahre.«

»Okay.«

»Und was machst du?«

»Wahrscheinlich nichts.« Sie lächelte. »Irgendwie mag ich Silvester nicht, meistens ist es nur eine Ausrede, um zu trinken.«

»Stimmt.« Wir schwiegen eine Weile, beide in das Sortieren von Socken vertieft. »Du weißt hoffentlich, dass dein Vater nicht immer so viel getrunken hat.« Sie schaute mich unverwandt an, ich musste ihren Blick erwidern.

»Ja«, sagte ich. »Aber eigentlich war es gar nicht so schlimm, seit ich hier bin. Ich seh ihn manchmal, wenn du schon schläfst.«

»Nett von dir, dass du das sagst«, meinte sie, nunmehr nicht mehr lächelnd. »Ich weiß nicht, Addie.« Sie stieß einen Seufzer aus. »Ich weiß einfach nicht.« Ich hasste diese Art von Gesprächen und hasste mich dafür, dass es so war. Ich überlegte kurz, wem meine Mutter sich sonst anvertrauen könnte, aber ich wusste nicht genau, wie nah ihr die Frauen in ihrer Lesegruppe standen. »Ich weiß nicht, ob ich das noch lange aushalte.« Sie senkte wieder den Blick.

»Ja.«

»Seit du da bist, bin ich ins Grübeln gekommen, und du wirkst so …«

»Ich wollte nicht …« Aber auch ich ließ den Satz in der Luft hängen. Ich war mir nicht sicher, ob der Unterschied so groß war.

Sie hielt inne. »Jetzt, wo ihr alle groß seid, zweifle ich immer mehr, ob es noch einen Sinn hat.«

»Ich weiß nicht.« Es war eine dumme Antwort, und ich überlegte, ob ich sie trösten sollte.

Ihre Stimme klang nicht traurig, nur genauso erschöpft, wie ich sie vom Auto aus gesehen hatte. Mein Handy vibrierte, und ich klappte es auf. Es war Sam.

»Du kannst rangehen, wenn du möchtest«, sagte meine Mutter mit gesenktem Blick.

»Oh, nein, schon gut, es ist kein Anruf.«

»Eine SMS?« Sie war stolz, dass sie den Ausdruck kannte.
»Ja.«

Einen Moment lang blieb sie stumm. »Und was steht da?« Ich drückte Öffnen und wartete kurz. Es war ein Herz, gefolgt von: »Ich denk an dich.« Ich konnte sie ihr nicht zeigen.

»Sie ist von Sarah«, sagte ich. »Sie will wissen, was ich heute Abend mache.« Sie sah mich wieder an.

»Sie ist nicht von Sarah, Addie. Sie ist von Sam.«

»Nein, von Sarah, ehrlich. Sie schreibt: ›Hey, was hast du später vor?‹«

Sie lächelte kurz, aber ihr Blick blieb ernst. »Wann fahrt ihr?« Ihr Tonfall war anders. Aufgekratzt, gutgelaunt. Ich sah auf die Uhr. Es war 13.40 Uhr, Sam wollte mich um zwei abholen.

»Du weißt, Mom, ich muss nicht –« Aber sie fiel mir ins Wort. »Addie, komm schon.« Sie zog ihr Haar hinten zu einem Knoten zusammen. »Noch drei Paare, dann entlasse ich dich.« Also legte ich noch drei Paare zusammen.

Auf der Fahrt rauchten Sam und ich zwei Joints und hörten seichte Playlists, die mit Kombinationen unserer Namen betitelt waren. Ungefähr fünf Kilometer vor Kanada parkten wir auf einem Feld und lüfteten sicherheitshalber das verqualmte Auto, saßen auf der Haube und hielten Händchen. Die Luft war klar, und der Himmel wollte sich an diesem letzten Tag im Jahr offenbar von seiner blauesten Seite zeigen. Wir konnten die Berge sehen und stiegen erst wieder ein, als die Sonne sich gen Westen neigte.

Ich schickte Sam aus dem Zimmer, bevor ich das grüne Kleid anzog, denn ich wollte ihn damit überraschen. Meine Beine sahen darin wirklich gut aus, und ich musste es ausziehen und vor dem Dinner wieder anziehen. Sam lächelte mir zu, während wir Tanten und alte Highschool-Freunde trafen, und unsere Blicke wechselten währenddessen Tausende von Insiderwitzen. Der Abend war ein Wirbel aus Champagner und albernen Hüten und Erklärungen, warum und wo ich studierte. Kurz vor Mitternacht versammelten sich alle in einem Raum mit Kamin und zählten im traditionellen Sprechchor bis null. Sam legte einen Arm um meine Taille, und ich roch den Alkohol, das Parfüm und das Feuer. Ich blickte auf die Finger hinab, die meine drückten, und etwas am Lärm oder seinem Lächeln machte mir schlagartig bewusst, was unser Händchenhalten angerichtet hatte. Was sie mir hatte sagen wollen, bevor ich in sein Auto stieg. Ich versuchte mich auf die Lichter des vertrocknenden Weihnachtsbaums zu konzentrieren und auf die kreischenden Gesichter der mir unbekannten Leute. Doch in diesen letzten Sekunden wanderten meine Gedanken zu meinem Vater, der vermutlich allein und betrunken in der Küche saß und den Countdown im Fernsehen verfolgte; zu meinem Bruder, der aus den Tiefen seines Zimmers Zaubersprüche abschoss, sein kleines Gesicht grün im Licht des Computers; und zu meiner Mutter, die mit einer Taschenlampe und meinem Cockerspaniel auf der Straße durch die verschneite Dunkelheit stapfte, während der Zeiger auf die Zwölf glitt.

Vorlesen

Jeden Montag und Mittwoch um 16.30 Uhr zieht Anna ihre Kleider aus und liest Sam vor. Sie liest Gebrauchsanweisungen für Kabelfernsehempfänger und Zubereitungstipps für Fertigsuppen, unbezahlte Rechnungen und Seiten aus Lehrbüchern. Jede Woche zieht sie nacheinander ihre Kleidungsstücke aus und legt sie unauffällig und geschickt neben ihren Sessel. Sam kocht gewöhnlich einen exotischen Tee, und sie ergehen sich in Beschreibungen ihrer beiderseitigen Empfindungen: Er riecht wie Zimtbeeren, er schmeckt wie Honigrauch, heute fühlt er sich wärmer an. Beide hören den Tee leise durchsickern, aber nur Anna sieht den trüben malvenfarbenen Strudel. Nur Anna sieht ihre welkenden Brüste und ihre Krampfadern. Sie betrachtet ihn also, und er betrachtet nichts. Und dann steigen die Worte von den Seiten der Anleitungen, Broschüren und Rückseiten von Müslipackungen empor und schweben ausgeformt von der ungefähr sechzigjährigen nackten Frau zu dem ungefähr zwanzigjährigen blinden Mann.

Ihr Arzt schlug das vor. Das Lesen, nicht die Kleiderwahl. Er sagte irgendwas von förderlichen Zielen und nützlichen Regeln. Anna war krank, und das wusste sie. Seit ihr Mann den Ruhestand wieder verlassen hatte, plagte sie ein Schmerz im linken Kniegelenk, und manchmal war ihr übel. Im vergangenen April war sie vier Tage lang fest von ihrer Lungentuberkulose überzeugt; im Juni drei Tage von ihrem Endometriumkarzinom. Sie hatte sich angewöhnt, eine alte Ausgabe des *Diagnostischen Almanachs* auf den Nachttisch zu legen, und blätterte leidenschaftlich darin herum. Selbstverständlich überprüfte sie jede Hypothese bei wiederholten Gesprächsterminen. Anna mochte ihren Arzt und seine Zeitschriften, seine Zitronentropfen und seine makellosen Kittel. Sie mochte ihn so sehr, dass sie ihm die Fehlinterpretation ihrer Symptome als »psychisch bedingt« verzieh. Sie mochte ihn so sehr, dass sie zustimmte, sich in der Stadtbibliothek beim Förderprogramm für Sehbehinderte als Freiwillige zu melden, um der Ziele und Regeln willen.

An einem Montag um 16.28 Uhr klopfte Anna an Sams Wohnungstür. Es war dasselbe Klopfen, mit dem sie zwölf Wochen lang jede Woche klopfte – als wüsste sie, dass er wusste, sie sei schon da. Ihr Knie schmerzte, und der Fahrstuhl wurde gerade überholt, so dass die zwei Treppenfluchten ihr den Schweiß auf die Stirn trieben und ihr Atem schneller ging. Sie hasste sich dafür. Früher, als ihr Rücken noch geschmeidig und ihre Zehen noch biegsam waren, konnte Anna die zweiunddreißig gedrehten

Fouettés in Schwanensee tanzen, ohne dass ihr Trikot feucht wurde – drehen und Bein anwinkeln mit anschließender Pirouette auf einem einzigen Ballettschläppchen. Alt werden ist für schöne Menschen härter, und Anna war schön. Das *war* verfolgte sie von Spiegel zu Spiegel in ihrem Hochhaus in Westchester. Früher starrten die Leute sie an, beneideten sie und zahlten sieben Dollar, um ihr Grand jeté in der Metropolitan Opera zu sehen. Aber nicht Sam. Sam schaute ihr nie bei etwas zu. Und Anna schaute sich zweimal in der Woche nicht zu. In Sams Wohnung gab es keine Spiegel, und selbst in seinen trüben Augen war nichts zu erkennen. Wenn er also die Tür öffnete, konzentrierte Anna sich auf sein Gesicht.

»Hi, Anna«, sagte Sam.

»Hi, Sam«, sagte Anna. Wie gewohnt streckte er die Hand aus und legte sie ihr zur Begrüßung auf den Ellbogen.

»Geht es Ihrem Knie gut?«

»Ach, nicht wirklich.« Sie trat vor und schloss schwungvoll die Tür hinter sich. »Heutzutage wissen sie einfach nichts über solche Dinge. Vielleicht ist es Lungenentzündung. Sie wissen es einfach nicht.« Sie schüttelte den Kopf. »Um genau zu sein, trage ich im Augenblick sogar ein großes Stützband drumherum.«

Um genau zu sein, trug sie kein großes Stützband drumherum, aber Anna mochte das Wort. Und sie mochte auch Sam.

Sam war nicht immer blind gewesen; ganze zwei Jahre hatte es gedauert, bis der Nebel kam. Sein Bildgedächtnis verwirrte ihn, täuschte ihn, ernüchterte ihn. Es hielt ihn gefangen in einem visuellen Arsenal von Tischflächen und Erwachsenenfüßen und beschränkte ihn für immer auf die Perspektive der Kindheit. Er war Master-Student an einer theologischen Fakultät knapp außerhalb der Stadt, und abends, in der Dunkelheit, lief er durch seine Wohnung und fuhr mit den Fingern über die Tausende winziger Punkte von Jakob und Jesaja, Lukas und Matthäus. Er befühlte die Psalmen und streichelte die Evangelien. »Religionswissenschaft«, erklärte er Freunden, Onkeln und Frauen wie Anna, die ihm vorlasen. »Ich studiere Gott, ich bete ihn nicht an.«

Sams Wohnung führte ein tadelloses Leben. Unordnung war mehr als eine Unannehmlichkeit – sie war eine Gefahr. Anna ging an den Bibeln und Thoras und Koranen vorbei, die zusammen mit Büchern über indische Küche und Musiktheorie in alphabetisch geordneten Reihen auf Ikea-Regalen standen. Er hatte sie selbst gebaut. Hatte jede Schraube und jedes Kunstholzbrett ertastet und sie zusammengesteckt, während Anna ihm bei einem ihrer ersten Besuche die Anleitung vorlas. Alles hatte seinen Platz. Jedes Gerät hatte seinen Haken, jede Jacke ihren Bügel. Winzige blaugetüpfelte Etiketten sprenkelten die Wohnung wie eine Art Labor. Die Mikrowellenknöpfe, die Lichtschalter, die Schubladen, die Dosen: Auf allem prangte der Name in hellem Braille-Blau. Über dem Sofa hing ein Wandteppich aus Malaysia, gegenüber der Tür ein Druck von Andy Warhol. »Damit ich nicht allein bin«, sagte er schulterzuckend, als Anna ihn fragte. »Eine Idee meiner Mutter.«

»Setzen Sie sich, setzen Sie sich doch!« Er wies auf die Stelle ihres gewohnten Sessels, drehte sich um fünfundvierzig Grad nach links und ging sechs Schritte, ehe er vor der Anrichte stehen blieb. »Heute habe ich viel für Sie.«

»Ich denke, damit werde ich fertig«, sagte sie.

»Anna, Anna«, sagte er in gespielter Verzweiflung. »Was würde ich nur ohne Sie tun?«

»Sie wissen sehr wohl, dass man einfach eine andere vorbeischicken würde.«

Sam lächelte und legte seinen Stapel auf den Tisch.

»Ich nehme Sie auf die Schippe«, sagte er. »Sie wissen, das mache ich gern. Kommen Sie, setzen Sie sich. Ich will nicht, dass Ihr Knie nachgibt. Was war es noch mal? Lungentuberkulose? Lungentuberkulose sollte man ernst nehmen.«

Anna sah, wie Sam grinste, aber sie errötete trotzdem. Sie setzte sich und musterte ihn. Die straffe Haut an seinen Unterarmen, die Falten seiner Hose beim Gehen, wie seine Hände zogen und schoben und hoben und ordneten, zuverlässig und sicher, ohne ständigen zweiten Blick oder doppelte Kontrolle. Er war jung, sein Haar war dicht und sein Körper noch stark. Anna fand, er hatte die Statur eines Tänzers und stellte sich vor, wie seine Hände auf ihrer Taille lagen und er sie hoch über den Kopf hob, bevor er sie absetzte und sprang. Sie stellte sich vor, wie seine Finger im Dämmerlicht hinter der Bühne die ihren streiften und der Puls der Menge die Luft in Endorphin verwandelte. Berauscht von der Hitze ihrer Verbeugungen hörte sie nur den Rhythmus ihres Atems. Derselbe Atem, der sich beschleunigte, wenn sie in seinem Sessel saß, ihre Schuhe abstreifte und anfing zu lesen.

»Na dann.« Sam reichte ihr den Stapel Post und Rechnungen und verlegter Quittungen. »Fangen wir mit dem langweiligen Kram an.« Er setzte sich an seinen Computer, bereit, ihre Stimme in seine Pünktchensprache zu übersetzen.

Sie las ihm eine Anzeige für Autoversicherungen vor und knöpfte ihren Pullover auf.

Sie las ihm eine Kreditkartenabrechnung vor und rollte ihre Strümpfe nach unten.

Sam saß an seinem Schreibtisch, blind. Er saß da, tippte und trank und plauderte zwischen seinem immer wiederkehrenden »Wegwerfen«. Wegwerfen. Behalten. Was? Wegwerfen. Was? Wiederholen Sie das. Bewahren Sie das auf! Anna wusste, dass sie nicht die stärkste Leserin war; in ihrer Kindheit hatte sie auf verspiegelte Musikboxen gestarrt und nicht auf Buchseiten. Aber er verbesserte sie nie. Lächelte nie in seine Tastatur, wenn sie Mühe hatte mit *Privatunternehmer, Bürokratie, Jesuit, Psalmen*. Im Gegensatz zu Martin. Martin hätte was gesagt und gelacht. Gelacht über seine Frau, die – »Oh, hab ich schon erwähnt, sie hat früher an der Met getanzt«. Auf der Dinnerparty beim jährlichen Firmentreffen entschuldigte er vor seinen versammelten Partnern ihre fehlerhafte Aussprache von *bon appétit*. Nach dem Dessert hatte sie ihm hinterhältig in die Augen gesehen, ihr siegreiches Lächeln aufgesetzt und es noch mal gesagt: »Bone appetite, alle zusammen! Bone appetite!«

Doch das war, bevor Martin in den Ruhestand trat. Bevor er die Arbeit aufgab, um zu Hause zu bleiben und zu fragen, wie viel Mayonnaise im Thunfischsalat sei und warum sie sich von dem verdammten Chinesenclan zu viel für die Reinigung abknöpfen ließ. Bevor er es sich anders überlegte und, mit einundsiebzig, wieder in die Firma eintrat. Bevor ihr klar wurde, dass sie es mochte, wenn er sich über die Mayonnaise beschwerte, und es sie nicht störte, dass er mittags mit ihr aß.

Eines Morgens machte Martin Rührei für Anna. Sie sagte nichts über den merkwürdig süßen Geschmack, aber als sie die leere Sahnepackung im Abfall fand, bogen sie sich vor Lachen. Am folgenden Wochenende nahm Martin sie zum ersten Mal zum Golfspielen mit. Und später im Sommer zu einer Aufführung in die Stadt. Aber offenbar fehlten ihm seine Tastatur und seine Konferenzen und seine Mandantengespräche, denn im folgenden Herbst kehrte er wieder in sein Büro, zu seiner Arbeit, seinen frühen Morgenterminen und späten Abendessen zurück. Anna hatte ihren beruflichen Höhepunkt in den Zwanzigern gehabt, danach war es mit Karriere und Körper abwärtsgegangen und nur noch der Geist hatte sich weiterentwickelt. Mit achtundzwanzig stieg sie aus und arbeitete eine Zeitlang in einem Tanzstudio, aber irgendwann verlegte sie sich ganz auf das Haus und ihre Hobbys. Ihre Entscheidung verblüffte sie. Dann fingen ihre Knieschmerzen an und ihre Übelkeit setzte ein, sie besorgte sich den *Diagnostischen Almanach*, und Dr. Limestone verschrieb ihr »Ziele und Regeln«.

Manchmal, in der Dusche oder im Auto oder beim Einräumen der Spülmaschine, fragte sich Anna, was wohl passiert wäre, wenn sie Martin angeboten hätte, ihm vorzulesen. Wenn sie ihm ihre Augen für Anleitungen für Kabelfernsehempfänger und Zubereitungstipps für Fertigsuppen angeboten hätte, für unbezahlte Rechnungen und Seiten aus seinen Gesetzesbüchern. *Ich bin deine Brille*, hätte sie gesagt. *Da steht nicht Milch, da steht Sahne.*

Am Mittwoch klopfte Anna um 16.22 Uhr an Sams Wohnungstür.

»Hi, Anna«, sagte Sam.

»Hi, Sam«, sagte Anna. Er legte seine Hand auf ihren Ellbogen.

»Ist Ihr Knie in Ordnung?«

»Nicht wirklich, Sam. Sie denken, es könnte ein Zeichen für hämolytische Anämie sein.«

»Das ist schrecklich, Anna. Kommen Sie, setzen Sie sich.«

Sie setzte sich.

»Ich bin einfach müde. Ich bin immerzu müde. Ich wache auf und bin müde, ich lege mich schlafen und bin müde.« Sie sah ihn an; er sah leicht links an ihr vorbei.

»Sie wissen, wie gern ich Sie hier habe, aber es gibt andere Freiwillige in dem Programm, und wenn Sie zu –«

»Nein, bitte«, unterbrach sie ihn. »Wirklich, mir geht es gut.« Anna huschte an Sam vorbei und setzte sich aufs Sofa. »Hab ich Ihnen schon mal erzählt, dass ich die zweiunddreißig gedrehten Fouettés in Schwanensee tanzen konnte, ohne ins Schwitzen zu geraten?«

Sam lächelte.

»Ich setze Teewasser auf.« Der Kessel musste noch geputzt werden, und Anna trug ein Kleid, deshalb lagen ihre Sachen schon ordentlich zusammengelegt neben ihrem Sessel, als er sich an seinen Schreibtisch setzte.

Er schaute sie an. Sie fand es toll, wenn er sie anschaute. Fand es toll, sich Martin vorzustellen, wenn er sie jetzt sähe. Wie er an seinem Firmenschreibtisch saß, zu gut für den Ruhestand, und einen Fall begutachtete, während seine Frau ihre bloßen Beine in der Wohnung eines jüngeren Mannes spreizte.

Anna hatte keinen Geschlechtsverkehr mehr gehabt, seit Martin den Ruhestand wieder aufgegeben hatte. Oder was das betraf, seit ihr Knieschmerz angefangen und die Übelkeit eingesetzt hatte. Aber ihr Puls wurde noch schneller, wie damals in ihren Zwanzigern. Manchmal, wenn sie mit einem Satz oder einem Brief fertig war, machte sie eine kurze Pause, damit Sams klackende Finger hinterherkamen, und schloss die Augen. Sam sah nicht ihre Brüste, die in immer schlaffer werdenden Hautsäcken herunterhingen. Oder ihre Schamhaare, die nach unten hin langsam dünner wurden. Und so stellte sie sich vor, dass es nicht so war und alles noch frisch wie früher. Anna nippte an ihrem Tee und ließ die Jahre mit ihren Kleidern von sich fallen. Sie war fünfundzwanzig. Ihre Haut war straff, ihre Haare erdbeerblond. Ihre Gelenke waren geschmeidig, ihre Stimme war klar.

Am Morgen war Anna vor ihrem Schrank die Möglichkeiten durchgegangen. Träger waren wünschenswert.

Baumwolle und Seide waren geräuscharmer, Röcke und Kleider leichter zu entfernen. Knöpfe waren so gut wie zwingend. Ihre Knöchel hatten Probleme mit den Feinheiten und erforderten ein geduldiges Zartgefühl, wenn sie die polierten Plastikstückchen durch die gestrickten Fassungen schob. Sie begann mit einer Hand am Hals und verweilte auf der Delle über dem Schlüsselbein, dann griffen ihre Fingerspitzen unter die Träger und streiften sie wie ein Trikot von den Schultern. Satz für Satz befummelte sie die Rundungen und warf sie mit den Punkten, Semikolons und i-Pünktchen beiseite. Manchmal jedoch war die Vorfreude zu groß. Manchmal drehte sich Sam im richtigen Moment zu ihr, und dann öffneten sich ihre Lippen, ihr Rücken schmerzte, sie verlor die Stelle auf der Seite – und schaute Sam so an wie damals Brian vom Konservatorium, oder Lev während ihres Sommers in Moskau, oder Martin, bevor er Jurist wurde. In solchen Momenten brannte sie darauf, sich die Träger abzureißen und die Knöpfe springen zu lassen wie kleine Monde.

»Ich möchte so gern wieder vorwärts träumen«, sagte Anna.

»Was?«

»Ich träume jetzt immer rückwärts. Sie können sich nicht vorstellen, wie rückwärts Sie irgendwann mal träumen.« Sie umfing eine Brust mit ihrer Hand und schob sie näher in Richtung Hals.

»Ich hätte nie gedacht, dass Träume Richtungen haben.« Seine kaputten Augen lächelten gequält.

»Sie nehmen mich auf die Schippe.«

»Anna, ich würde Sie nie auf die Schippe nehmen«, nahm er sie auf die Schippe. Sie mochte es, wie er ihren Namen sagte. Er rollte ihm von der Zunge, als wollte er sagen, ich rede mit dir, ich höre dir zu.

»Ich träume von der Vergangenheit, davon, was hätte passieren können oder passieren sollen oder nie passiert ist. Sie träumen von der Zukunft. Sie sind sehr jung, Sam. Im Augenblick ist Ihnen das nicht klar, aber Sie sind sehr jung.«

»Ich träume in Klängen und Gerüchen und Formen«, sagte er.

Sie hielt kurz inne und betrachtete seine halbgeöffneten Augen.

»Künftige Klänge.« Sie schlug das Buch wieder auf. »Künftige Gerüche und künftige Formen.«

Sam war nicht einsam. Nicht ganz. Seine Mutter kam alle paar Wochen aus Jersey, und einige Collegefreunde lebten noch in der Stadt. Sie hatten ihn davor gewarnt, sich in einem »Normalo«-Programm einzuschreiben. Sein College war voll dunkler Klassenräume und Braille-Tastaturen, Hörbüchern und Flurgeländern gewesen. Ein College, wo Studenten ihre rotgestreiften Stöcke am Fuß der Treppe zurückließen, Unterarme ertasteten und Gesichter umfingen. Wo man sich zu den Vibrationen der Bässe tanzend aneinanderschmiegte und anhand des Haarduftes, der Wölbung eines Handgelenks oder des Atemgeruchs entschied, ob man mit jemandem in ein ungemachtes Bett schlüpfte. Von Zeit zu Zeit saß Sam in seinem Wohnzimmer, trank ein Glas Bordeaux und drehte die halbvergessenen Rapsongs auf. Er wollte keinen Mitbewohner oder irgendeinen Magisterstudenten aus Westchester in die Rolle des ständigen Babysitters drängen. Schließlich hatte er schon genug Kindermädchen. Frauen, die kamen und ihm vorlasen, als wäre er ein Sozialfall. Aber Anna war anders. Sie fragte ihn nie nach seinen Kursen oder seiner Familie oder wie es war, blind zu sein. Es ging nicht um ihn. Sie setzte sich einfach hin und las. Las, bis ihre Stimme trocken wurde oder ihre Augen müde und sie nur eine Weile schweigend dasaßen. Für sie war Schweigen, was für ihn Dunkelheit war – und sie lief vor beidem nicht davon, wenn die Sonne unterging und die Worte ausgingen.

Sam blieb auf seiner Zimmerseite. Das machte er immer. Nach drei Wochen durchschaute Anna sein Muster und damit, wie einfach es war, ihren Schal unbemerkt abzunehmen. Wie einfach es war, dasselbe mit dem Pullover zu tun. Ihrer Bluse. Ihrer beigen Baumwollunterwäsche. Drei Monate später hatte sie die Routine verfeinert. Gegen 18.30 Uhr entschuldigte sie sich, schnappte sich ihren Kleiderhaufen, ging ins Bad und kam vollkommen angezogen und vollkommen zufrieden zurück. Selbst wenn sie später Martin-los in ihrer Küche saß. Zufriedener, dass sie Martin-los war. Wenn sie zu Abend aß, hätte sie ihn zu gern gefragt, was seine Arthritis machte, wie es seinen Hämorrhoiden ging und wie unglaublich aufregend sein Tag doch war.

Als sie eines Abends wartete, hatte sie die Phantasie, sie

würde ersticken. Martin würde von der Arbeit nach Hause kommen und sie tot auf dem Küchenboden finden, vor ihr, in einer wässrigen Blutlache, ein noch warmes, gewaltiges Steak, aus dem ein einziger tödlicher Bissen an der Seite fehlte. Auf ihrer Beerdigung würden wahrscheinlich Dias aus ihrer Zeit an der Oper gezeigt; ihr Neffe würde vielleicht eines ihrer Gedichte vorlesen. Rind wäre aus allen Horsd'œuvres verbannt. Ja, weißt du denn nicht, würden die Leute tuscheln, genau daran ist sie doch gestorben. Es ist unfassbar, würden sie schluchzen, in ihrer eigenen Küche gestorben. Anna überlegte, ob die *Times* wohl einen Artikel bringen würde oder ob man sie nur mit einem Einzeiler im *Westchester Daily* abfeiern würde. An einsamen Abenden, wenn Martin im Büro und ihre Tochter in London war, wenn ihre portugiesische Putzfrau weg war und ihr chinesischer Reinigungsmann weg war und Sam irgendwo im Dunkeln war, hatte Anna solche Gedanken. Sie dachte und dachte, bis sie die sättigende Gesellschaft der Schuldgefühle spürte, die sie auslösen würde, und den wohltuenden Trost, dass man sie bestimmt vermissen würde. Aber dann dachte sie weiter nach. Sie dachte und dachte, bis sie anfing, ihr Steak in kleine und noch kleinere Stücke zu schneiden, und kaute jeden Bissen sehr lange, ehe sie vorsichtig schluckte.

Anna las Sam eine Hochzeitseinladung vor und schälte sich aus ihren Socken.

Anna las Sam ein Kapitel aus *Tao Te Puh. Das Buch vom Tao und von Puh, dem Bären* vor und öffnete ihren BH.

Die Lüftungsklappe würgte.

Der Tee zog.

Die Uhr schlug 18.30, und Anna ging ins Bad.

So ging es weiter. Zweimal die Woche, jede Woche, zwölf Wochen lang. Anna kaufte ein Buch über malaiische Kultur und ein anderes über indische Küche und noch eins über den Glauben an Tao. Martin kam nach Hause – müde, alt und stolz. Anna erzählte ihm von der Reinigung und dem Thunfischsalat und den Ähnlichkeiten zwischen dem jüdisch-christlichen Monotheismus und der Einzigartigkeit von Allah. Aber Anna war immer noch krank, und sie wusste es. Sie erzählte es Martin, aber er meinte, sie langweile sich nur. Sie solle tagsüber einfach mehr unternehmen. Ihr Knie sei in Ordnung und die Übelkeit normal.

An diesem Abend ging sie früher als sonst ins Bett und vergaß, ihm ein Handtuch für sein Bad hinzulegen und das Wasser für seine Pillen. Sie lag aufgestützt im Bett neben ihrem Almanach. Sie hatte sich absichtlich auf Martins Bettseite gelegt und stellte sich ganze dreißig Minuten lang schlafend, bis sie ihn seufzend ums Bett herumgehen und sein Gewicht auf die kalte Lakenhälfte niedersinken hörte. Anna presste ihr Gesicht ins Kissen und verzog ihre Miene. Aber Martin schnarchte schon und spürte nicht mehr das leichte Zittern der Decken.

Am Dienstag um 19.53 Uhr stellte Anna sich vor, wie sie erstickte, als das Telefon klingelte. Um diese Zeit rief niemand an. Martin war noch nicht da, und sie hoffte, es war nicht jemand, der ihr was verkaufen wollte; irgendwie wusste sie nie, wie sie solche Leute abhängen konnte. Sie ließ es mehrmals klingeln, falls es Martin war, der ihr seine spätere Rückkehr mitteilen wollte – sie ging nie sofort ran, weil sie nicht den Eindruck erwecken wollte, sie würde warten.

Sie nahm den Hörer ab. Es war die nervige Frau, die in Martins Firma am Empfang saß. Gelegentlich rief sie an, um zu sagen, dass er später käme – dass er irgendeine Sitzung hätte oder sein Auto nicht anspringe. Anna hasste es, wenn sie anrief. Sie hatte einen schlechten Geschmack bei Weihnachtskarten und es zugelassen, dass sie fett wurde.

»Anna, hi, sind Sie es?« Sie legte eine Pause ein. Ihre Stimme klang komisch.

»Ja. Kommt Martin wieder später?«

Sie antwortete nicht.

»Hallo? Entschuldigung, hören Sie mich?« Anna hasste die neuen Telefone, die Martin im letzten Sommer angeschafft hatte – sie wusste nie so recht, wo sie hineinsprechen sollte.

»Ja, doch, ich höre Sie. Anna …« Sie legte wieder eine Pause ein. »Man hat mich gebeten, Sie anzurufen … besser, als die Polizei oder so. Ich … ich weiß wirklich nicht, wie ich das sagen soll. Anna – Martin hatte einen Herzinfarkt.«

Anna schluckte.

»Wo ist er? Welches Krankenhaus? Letztes Mal war er im Pembrook und musste über Nacht bleiben. Ist er wieder an so eine Maschine angeschlossen? Lassen Sie mich –«

Aber die Frau unterbrach sie.

»Anna, ich glaube, Sie verstehen mich nicht. Diesmal ist es nicht so. Er hat den Summer gedrückt, und wir haben den Krankenwagen gerufen, aber als wir wieder bei ihm waren ... sie haben es versucht ... Anna, ich ... Es tut mir so leid. Mir fehlen die Worte.«

Anna schwieg.

»Oh ... meine Liebe ... ist jemand bei Ihnen?«

»Nein.«

»Anna, sie haben wirklich alles versucht.«

Es herrschte gute zehn Sekunden lang Stille.

»Ich nehme an, Sie haben ein Auto, ähm, können Sie ins Krankenhaus kommen?« Anna spürte, wie sich ihr die Kehle zuschnürte und der Hörer an ihrem Gesicht zu zittern anfing.

»Ich ...« Anna schluckte. »Ich darf abends nicht in die Stadt fahren.« Sie konnte nicht denken, konnte nicht atmen.

»Na schön, ähm ...« Sie hörte gedämpfte Stimmen im Hintergrund. »Wir schicken jemanden vorbei. Warten Sie so lange, Anna, es ... es tut mir so leid.«

Anna legte den Hörer auf und starrte auf ihr wässriges Steak. Es musste ein Irrtum sein. Die Empfangsfrau war sowieso verrückt. In ein, zwei Stunden würde Martin nach Hause fahren, müde, hungrig und krank vor Heimweh. Und Anna würde ihm Eier machen und neben ihm im Bett liegen und ihm seine Zeitungen oder Briefe oder ein paar Einträge aus ihrem Almanach vorlesen. Er würde sich auf ihre Bettseite rollen und für immer dableiben. Würde sich bereit erklären, diesmal für immer in den Ruhestand zu gehen. Und dann würden sie Golf spielen und kochen und sich in der Stadt eine Vorführung ansehen, und sie würde ihm die Scorekarte und Rezepte und das Theaterprogramm vorlesen.

Anna schob den Teller von sich, sah nach unten, nach oben und nach vorn, das Gesicht verzerrt und gelähmt vor Schweigen. Sie hob die Hände und ballte sie langsam zusammen. Sie stand auf, ging ins Wohnzimmer und dann wieder zurück in die Küche. Martin war nicht tot. Er würde nicht einfach so sterben. Man starb nicht einfach so. Sie zog ihr Steak zu sich heran, schluckte ganze Brocken und zwang Stücke hinunter, die für ihre Speiseröhre zu groß waren. Sie schluckte und schluckte und schluckte, bis alles weg war. Und sie nicht erstickt war. Und sie auch den anderen Knoten in ihrer Kehle nicht schlucken konnte und ihr faltiges Gesicht auf die Hände sinken ließ.

Anna ging zum Telefon, wählte Sams Nummer und legte auf.

Am Mittwoch klopfte Anna um 16.42 Uhr an Sams Wohnungstür.

»Hi, Anna«, sagte Sam.

Anna schaute ihn an.

»Was macht Ihr Knie heute?«

»Ja«, sagte sie. »Ja, es geht.«

Anna trat ein und setzte sich.

Sam neigte leicht den Kopf und kicherte.

»Keine Tuberkulose oder Anämie oder Endometriumkrebs?«

»Nein«, sagte sie. »Nein, nichts davon.«

Sam stellte Teewasser auf und reichte ihr seinen Stapel.

»Heute habe ich viel für Sie. Zwei Kapitel vom heiligen Augustinus, und ich möchte, dass Sie sich diesen Gutschein-Stapel ansehen.«

Sie las ihm eine Anzeige für Autoversicherungen vor.

Sie las ihm ein Blatt mit Gutscheinen für Pharmazieprodukte vor.

Sie las ihm eine Seite über die Philosophie des heiligen Augustinus vor.

Sam unterbrach sein Klicken. Er schaute in ihre Richtung, als versuchte er, etwas zu hören, riechen, schmecken oder fühlen.

»Ist alles in Ordnung mit Ihnen?«, fragte er.

Er stand von seinem Schreibtisch auf, ging kurz in die Küche und trat auf ihre Seite des Zimmers. Das tat er sonst nie.

»Das habe ich auf dem Stuhl gefunden und nehme an, es gehört Ihnen.« Sam lehnte sich an ihren Sessel und gab ihr eine dünne beige Strickweste. Anna nahm sie und achtete darauf, ihn nicht zu berühren.

»Danke, Sam. Die hab ich offenbar vergessen.«

Sam war sich nicht sicher, ob er Anna direkt in die Augen sah. Bei ihr war er sich nie sicher. Er konnte nur ahnen, überlegen, spekulieren, bis er sich sagte, er sei albern, egozentrisch, krank.

»Anna«, wiederholte er, streckte langsam und zögernd eine Hand aus, legte sie ihr auf die Schulter – und atmete erleichtert aus, als er das glatte Leinen unter den Fingern spürte. »Ist wirklich alles in Ordnung?«

Anna nickte. Sie wusste, dass er ihre Kopfbewegung irgendwie spürte. Dann nahm sie das Buch und entfernte seine Hand.

»Mir geht es gut, Sam. Wirklich.«

Sie lauschte dem Durchsickern des Tees und dachte an ihre gemeinsamen Empfindungen; er riecht wie Zimtbeeren, er schmeckt wie Honigrauch, heute fühlt er sich wärmer an. »Habe ich Ihnen schon mal erzählt, dass ich die zweiunddreißig gedrehten Fouettés aus Schwanensee tanzen konnte?«

»Nein.« Sam ging wieder an seinen Schreibtisch und fuhr mit dem Klacken fort. »Das haben Sie mir noch nie erzählt, Anna. Sehr beeindruckend.«

Dann las Anna Sam vor. Las ihm vor, während er ihre Worte in eine Sprache aus Punkten übersetzte. Eine Sprache, die er, wie sie mittlerweile wusste, im Dampf und im Tee, in den Büchern und in seinem Körper lesen konnte. In dem Gemälde und den Regalen, in der Musik und der Luft.

Anna brachte ihren Becher zur Spüle und entschuldigte sich, um ins Bad zu gehen. Sie ließ ihn nicht hören, dass sie die falsche Richtung einschlug – aber als sie die Wohnungstür hinter sich schloss, wusste sie, dass er wusste, sie würde nie wieder zurückkehren. Er wusste es, weil ihre schlaffen Brüste und Krampfadern mit Leinen bedeckt waren. Wusste es, weil er hören konnte, wie ihre Tränen sein Buch wie Blindenschrift bedeckten.

Die Naive

Bei dem größten Streit in meiner Beziehung mit Danny ging es um seine absurde Behauptung, er sei der Erfinder des Mittelstufen-Phänomens, nach jedem Satz des Happy-Birthday-Songs »Cha-cha-cha« zu sagen – eine Idee, die sich sein kluges Sechstklässlerhirn angeblich in einem Chuck E. Cheese in New Jersey ausgedacht und die sich im Amerika des Jahres 1993 mit beispielloser Schnelligkeit verbreitet hatte.

»Ich hab damit angefangen! Willst du mich verarschen!?« Sein Gesicht war jetzt ernst, empört. »Ehrlich, ich war der Erste, frag jeden aus Montclair!«

»Danny, du hast nicht damit angefangen, das ist lächerlich.« Ich war jetzt ebenfalls ernst. »Das Thema ist bei mir durch.«

»Nein, nein, nein. Hör zu. Ich weiß nicht, warum das für dich so unmöglich ist. Jemand musste damit anfangen; jemand musste der Erste sein. Und ich sage dir, das war ich. Bei Eliot Grossmans Geburtstagsparty. Frag jeden.«

»Das ist wieder mal typisch.«

»Was!?« Er stellte sein Weinglas auf den Tisch.

»Nichts. Nur … dass du dir einbildest, es stammt von dir. So was kannst nur du dir einbilden.« Ich suchte in den Vitrinen nach der Tüte Goldfischchen.

»Ich kann nicht fassen, dass du mir das nicht glaubst. Das macht mich echt sauer.«

»Das merke ich.«

»Arrgh! Das macht mich einfach stinksauer!« Sein Blick war so frustriert und wütend, wie ich es noch nie gesehen hatte, und aus irgendeinem Grund freute mich das. Ich saß auf der Couch und klappte meinen Laptop auf.

In den folgenden Jahren flüsterte er es auf Partys, wenn die Torte die Runde machte, oder er sagte es in Lautsprache über einen Tisch beim Geburtstagsessen eines Bruders oder einer Schwester im Restaurant. Cha-cha-cha, provozierte er. Cha-cha-cha, cha-cha-cha.

Ein Schweigen trat ein, und mir war klar, er grübelte.

»Manchmal hasse ich dich«, sagte er. Er ließ die Worte kurz in der Luft hängen, kam dann herüber und setzte sich zu mir, zerzauste mir die Haare im Kissen und küsste mich leicht auf jedes Auge.

Ich erzähle die Geschichte nur, weil sie zeigt, warum das Kniffelspiel so wichtig war.

Wir waren zu sechst. Danny, der bärtige Noah, der feinfühlige Eric, der alte künstlerische Leiter und Olivia, die ich hasste. Cape Cod war verlassen, aber wir waren oben in Provincetown in der Hütte des künstlerischen Leiters zu einer Afterparty des Ensembles. Danny spielte wieder

Sommertheater, und ich war zu den letzten Aufführungen hoch gefahren. Ich aß sogar allein einen Hummer, bevor ich zum Theater kam – zupfte feuchtes Fleisch aus den Scheren und beobachtete, wie die letzten Familien des Sommers hinter einer steilen Düne erschienen und Boogie Boards an die Seiten ihrer Autos knallten.

Die Vorführung war aus zwei Gründen schrecklich: erstens, weil das Stück schrecklich war, und zweitens, weil viel geküsst wurde. Sie kicherten zusammen, und Danny lächelte, die Augen nur wenige Zentimeter von Olivias entfernt – er zog an ihrer Gürtelschlaufe und streichelte ihr Ohrläppchen, etwas, das ich ihm beigebracht hatte. Normalerweise war ich nicht so empfindlich wegen der Mädchen, die er auf der Bühne küsste, aber sie hatte irgendwas, das mir nicht gefiel. In dem Moment, als die beiden die Bühne betraten – händchenhaltend –, begann etwas Widerliches in meiner Magengrube zu wachsen. Sie wirkte fast maskulin, wie ein attraktiver Transvestit, und ihre natürliche Wildheit verunsicherte mich.

Bei der Party trug sie ein schlichtes T-Shirt, weder extravagant noch von einer bestimmten Marke, und eine leuchtend orangefarbene Schirmmütze mit dem Namen eines Angelgeschäfts in New Orleans. Sie trank ihr Bier aus der Flasche und zog die Jungs auf, denen nicht bewusst war, dass sie jedes Mal verstummten, wenn sie eine Geschichte erzählte. Im Sommer hatte ich ein paarmal ihre Bilder durchgeklickt und mir an Abenden, wenn Danny nicht auf meine SMS antwortete, Proben vorgestellt, die mit Bier und Joints am Strand endeten.

»Zeig ihr das mit dem viereckigen Penis!« Olivia lachte, und wir stürzten alle die geländerlose Treppe hoch. »Rickys Freund ist Maler«, erklärte sie. »Und er hat so ein Bild von einem viereckigen Penis.«

»Das ist nicht lustig.« Ricky, der künstlerische Leiter, war genauso betrunken wie der Rest von uns.

»Doch, Rick«, sagte Noah. »Es ist genial.«

»Scheiße.«

»Ist es wirklich!« Das Haus war alt und beneidenswert originell eingerichtet. Wir bahnten uns den Weg durch verrostete Schilder und Relikte aus Army-Navy-Läden, bis wir bei dem Bild waren und alle sich unverzüglich hinknieten. Ich stand verlegen da, unsicher, ob ich dazugehörte.

»Verschwinde hier.« Ricky versetzte Eric einen Klaps auf den Hinterkopf. »Ihr seid es nicht wert.«

»Das wissen wir«, sagte Danny. »Glaub mir, das wissen wir.«

»Du machst dich vor deiner Freundin lächerlich, weißt du das?« Es war eine Zeile aus dem Stück, und alle lachten sich halb tot. Olivia wälzte sich buchstäblich auf der Seite, und ich verspürte eine merkwürdige Sehnsucht nach meinen Highschool-Freunden und der Zeit, als alle noch die gleichen Kreise pflegten. Noah zog sie auf, und ich bemerkte zum ersten Mal den Aufdruck auf ihrem T-Shirt. Ein Dinosaurier auf einem Fahrrad, und darüber stand REX'S FIX-UPS AND MIX-UPS. Es kam mir bekannt vor: Ich erinnerte mich, dass irgendwer irgendwo einen Scherz über diesen Dinosaurier gemacht und in einer Bar über die winzigen Hände am Lenker gelacht hatte. Schließlich gingen Noah und Eric nach unten, um eine Pfeife zu bauen. Ich steckte eine Hand in Dannys Tasche und hielt ihn zurück, während der Rest nach unten polterte.

»Hi«, sagte ich.

»Hi.« Er lächelte. »Ich liebe dich.«

»Ich dich auch. Los, komm.« Ich zog ihn in eine Ecke, und wir lehnten uns mit aneinandergepresster Stirn an einen Bücherschrank. Ich hatte ihn seit Juli nicht gesehen, und in Gruppen hatte ich nie das Gefühl, mit ihm zusammen zu sein.

»Du hast mir gefehlt«, sagte ich.

»Ich weiß«, sagte er. »Ich liebe dich.« Wir küssten uns, aber ich spürte genau, dass er nach unten wollte.

»Du warst gut heute Abend, weißt du das? Bei der Stelle mit dem Vater warst du körperlich genau auf dem Punkt.«

»Danke.« Wir sahen uns an. Es war ein aufrichtiger, ehrlicher Moment, wir waren wieder im selben Team. »Ich meine, das Stück ist Scheiße, aber danke.«

»Ist es nicht.«

»Doch.« Wir sahen uns wieder an und grinsten gleichzeitig. Danny gab solche Sachen nur selten zu, deshalb war ich vor Liebe überwältigt. Am liebsten hätte ich mich irgendwo verkrochen und das Gesicht so lange an seines geschmiegt, bis ich mir seiner wieder sicher war. Genau das hätte ich am liebsten getan und ihm gesagt, dass ich von hier weg und ins Auto und auf die Straße möchte, wo wir uns von den vielen mir unbekannten attraktiven Leuten wegzoomen könnten, aber Danny schaute mich an, musterte mich und packte mich an den Schultern, als wäre er überrascht.

»Argh, Mann«, sagte er. »Du hast mir auch gefehlt. Ehrlich.« Seine Augen waren traurig, er küsste mich auf die Nase. Es war, als wäre ihm das eben klargeworden. Als hätte er die wiederholten Beteuerungen unserer Telefongespräche abgerufen.

»Gut«, sagte ich. Mehr besorgt als gekränkt, dass ich ihn wieder zurückerobern musste. Dass er traurig war, zu unseren Fernsehabenden und spätabendlichen Snacks und in unser ungemachtes wohliges Bett zurückzumüssen.

Wir passten unheimlich gut zusammen. Passten einfach in vielerlei Hinsicht unheimlich gut zusammen. Wir hatten die gleiche Lieblingsband, genau die gleiche, und früher, am College, spielte ich auch Theater. Das verband uns auf der Party, bei der wir uns kennenlernten – beim gemeinsamen Freund von einem Freund, wo ich in ein nicht abgeschlossenes Bad getreten war und ihn dabei erwischte, wie er das Mundwasser des Wohnungsbesitzers benutzte. Wir fanden das beide urkomisch, und mir gefiel die Art, wie er sich über mich lustig machte und dabei Augenkontakt hielt. Auf dem Weg zu ihm nach Hause erzählte ich ihm, dass ich mit dem Theaterspielen aufgehört hatte, weil es nicht meine erste Priorität und ich außerdem nicht so gut war. Er meinte, ich sei wahrscheinlich nur bescheiden (Danny flirtete immer mit Schmeicheleien), und zum ersten Mal im Leben knutschte ich ziemlich heftig in der U-Bahn.

»Die Books spielen nächstes Wochenende im Prospect

Park«, sagte ich, die Hände noch immer in seinen Taschen. »Wir sollten hingehen.«

»Ja, klar.«

»Und vorher essen wir bei unserem Vietnamesen.«

»Ja, absolut.« Wir hörten den großen Sonnenschirm in der Metallhalterung klappern, und ich dachte kurz an den langen Strand, den wir in der Dunkelheit nicht sehen konnten – daran, dass Ebbe oder Flut sein konnte, ohne dass wir es überhaupt wussten. Aber bei dem Gedanken an Brooklyn fiel mir wieder das Bild von Rex's Fix-Ups ein, und ich erwähnte es beinahe, entschied mich aber dagegen. Der Laden war in der Dean Street. Das T-Shirt gehörte Danny.

Ich hörte Geschrei aus der Küche, und es klang so, als lachte Olivia über Eric, der irgendeinen Drink ausgeschüttet hatte.

»Ich bring dich um!«, rief sie. »Hom-o, hom-o!« Stühle wurden verrutscht, und wir hörten etwas fallen. »Hom-o, ich blas dir einen!« Danny versuchte nicht zu grinsen, aber sein Gesicht verzog sich, und er unterdrückte ein Lachen.

»Tut mir leid«, sagte er, immer noch grinsend. »Tut mir leid, aber das ist … tut mir leid.« Er kriegte sich nicht mehr ein.

»Schon gut«, sagte ich und erwiderte sein Lächeln. »Schon gut. Lass uns gehen.«

Ich küsste ihn auf die Wange, dann drehten wir uns um und gingen. Der Sonnenschirm klapperte immer noch.

Erst als wir die Treppe hinunter zu dem Labyrinth aus Antiquitäten und den quiekenden Schauspielern gingen, wurde mir richtig bewusst, dass ich Olivia und ihre Schirmmütze mit einer unerträglichen und irrationalen Heftigkeit hasste.

Am nächsten Tag sah ich mir das Stück wieder an. Es war eine Vormittagsvorstellung, und die Besetzung schleppte sich um elf mit dem schmollenden Kameradschaftsgeist eines gemeinsamen Katers aus dem Haus. Da wir am Abend vorher zu müde und verwirrt gewesen waren, hatten Danny und ich uns am Morgen geliebt, um dann mit einem Hauch von Überlegenheit als Letzte in der Küche zu erscheinen. Auf dem Weg zum Theater bestellte ich mir wieder einen Hummer zum Mitnehmen, die Beine baumelten seitlich aus der Fastfood-Packung, und das gefiel mir. Ich saß wieder hinten, spürte jedoch ein seltsames Unbehagen, als die Lichter dunkler wurden. Danny sah gut aus in seinem Kostüm: leicht gestylt und gezwungen, eine Jeans zu tragen, die ihm passte.

Ich glaube nicht, dass ich vor diesem Nachmittag, als ich umgeben vom Gelächter alter Leute in einem Samtstuhl in einem dunklen Theater saß, jemals einen wirklich gewalttätigen Impuls verspürt hatte. In der Highschool hatte ich mal einen Freund gehabt, der bei einer Party in irgendeinem Keller in einen Streit geriet, und ich weiß noch, dass ich ihn schweigend nach Hause fuhr, ohne im Geringsten zu begreifen, warum er Joey Carlton wegen dem Mist, den er über Mike und AJ gesagt hatte, unbedingt ins Gesicht hatte schlagen müssen. Jetzt verstand ich es. Danny und Olivia waren einfach bezaubernd! Die Stelle, wo sie sich zum ersten Mal küssten, seine Hand auf ihrem Kreuz und ihre Finger, die ihm durchs Haar fuhren. Die Stelle, wo sie kicherten und sich mit den Augen anlächelten und sich Dinge gestanden und stritten und versöhnten und weinten und sich wieder küssten. Ich wollte Olivias Gesicht nehmen und es so fest wie möglich schlagen. Ich wollte sie auf den Boden zwingen und ihr in die Seite treten. Sie gegen die Wand klatschen, an den Haaren ziehen und noch mal genau zwischen die Augen schlagen. Das alles stellte ich mir vor, während das Publikum lachte. Dass ich auf die Bühne ging und sie verprügelte. Buchstäblich einfach verprügelte. Du kannst mich mal, würde ich sagen. Du und deine blöden Klamotten und dein blödes Getue und dein Gerede mit allen, als würden sie dich verdammt nochmal lieben. Halt dich verdammt nochmal fern von Danny, und wenn du auch nur noch einmal mit ihm redest, bringe ich dich um. Bringe ich dich eigenhändig um.

In der Pause ging ich nach draußen und setzte mich ins Auto, weil ich keine Lust hatte, mich in der Lobby mit irgendwem zu unterhalten. Insgeheim hatte ich es vermutlich geahnt, denn sobald ich die Tür schloss, kamen mir die Tränen. Ich lehnte den Kopf ans Lenkrad, aber nach ein paar Schluchzern richtete ich mich auf und hörte auf zu weinen. Ich schrieb vier, fünf Freunden aus der Stadt eine SMS. Nichtigkeiten wie: »Hey, wie läuft die Arbeit?«, oder: »Ugh, ich will das Mädchen in Dannys Stück umbringen.« Wenn ich mich einsam fühle, mache ich das manchmal; es ist eine seltsame und zwanghafte Angewohnheit, aber normalerweise hilft es. Ich wartete kurz, bis jemand antwortete. Klappte den Spiegel runter, rieb mit dem Knöchel unter den Augen entlang und atmete aus. Meine Schwester und meine Freundin Tara schrieben zurück; ich antwortete beiden sofort. Die zweite Hälfte des Stücks verbrachte ich damit, mir Dinge in Erinnerung zu rufen, in denen ich Olivia übertraf: Ich war dünner, ich hatte schönere Augen, ich studierte an einer besseren Uni.

Ich weiß nicht, wo mein Problem lag. Seit ich Danny kannte, war er ein (ambitionierter) Schauspieler gewesen, und ich hatte ihn schon öfter Mädchen auf der Bühne küssen sehen. Ich schätze, der Sommer war hart gewesen; der Mobilfunkempfang im Norden von Cape Cod war nicht berauschend, und ich hatte oft den ganzen Tag an ihn gedacht, während ich in meinem Büro saß. Der Neid war ein doppelter: Eifersucht auf das Mädchen, mit dem er Zeit verbrachte, und Eifersucht darauf, wie er seine Zeit verbrachte. Den ganzen Tag sprang er herum und machte blöde Spiele und Dehnübungen, und abends gab er sich im Beachcomber, der hiesigen Bar, von der er bei jedem Telefonat schwärmte, die Kante. »Das ist so lustig«, sagte er. »Da ist so 'ne Gruppe Alkis aus dem Ort, die verdammt komisch sind. Aber sie holen immer Bands, und alle machen einfach ihr Ding, verstehst du? Nichts von diesem supercoolen Scheiß.« »Ja«, sagte ich dann, im Bett mit meinem Salat. »Das klingt toll, du musst mich mal mitnehmen, wenn ich im August komme.« »Klar«, erwiderte er. »Freu mich schon.«

Zwischen den Aufführungen gingen wir essen und liebten uns wieder in den Dünen. Danny parkte das Auto am

Rand der Route 6 neben einer Strandkiefer, die mit einer orangefarbenen Flagge markiert war.

»Da lang«, sagte er und führte mich durch kratziges Gestrüpp, das seitlich aus dem Sand wuchs, einen Pfad hoch. »Ich sage dir, dieser Ort ist einfach krass.«

Das stimmte. Wir gelangten aus dem niedrigen Wald in ein Gelände aus Kratern, an deren spitz auslaufenden Kuppen das Dünengras wogte. Die Sonne war noch nicht ganz untergegangen, aber die Grillen pulsierten schon und zirpten mit erstaunlicher Lautstärke aus dem spärlichen Grün. Es war windig, und ein paar Haarsträhnen aus meinem Pferdeschwanz wehten mir ins Gesicht. Danny streckte die Arme aus und lehnte sich in den Wind.

»Ist das nicht Wahnsinn?«

»Ja«, sagte ich und zog mir ein Sweatshirt an.

»Abends gehen wir oft hierher.« Er sprang in großen Schritten vorwärts, und der Sand rutschte in Rinnsalen hinter ihm her. Ich folgte ihm schreiend, landete unten in einem Haufen und rollte mich neben ihn.

Wir hatten beide gleichzeitig die Idee und behielten unsere Kleider die ganze Zeit an. Als wir fertig waren, legte ich mich neben ihn und schaute in die dünnen Wolken. Mir kam in den Sinn, dass wir von oben wahrscheinlich ziemlich lustig aussahen – wie wir da in der Mitte eines schüsselförmigen Lochs lagen. Ich stellte mir vor, wenn in jedem Krater ein Paar liegen und in den Himmel schauen würde.

»Kommst du mit Olivia auch hierher?« Ich nahm Sand in die Hände und ließ ihn auf ein Häufchen rieseln.

»Klar«, sagte er. »Wir kommen alle hierher.« Ich wusste, dass meine Eifersucht unschön war und Danny mich für unsicher halten würde, aber ich konnte nicht aufhören.

»Ja, aber kommst du auch allein mit ihr hierher?«

Er wälzte sich herum und sah mich an.

»Olivia und ich sind Freunde«, sagte er. »Wir machen alles Mögliche zusammen.«

»Zum Beispiel jeden Abend küssen.«

»Auf der Bühne. In einem Stück.« Ich sagte nichts. Er setzte sich auf. »Das ist nicht dein Ernst, oder?«

Ich verfiel wieder in meine Eifersucht und zog den Kopf in gespieltem Rückzug in mein Sweatshirt.

»Ich hasse sie!« Meine Stimme klang gedämpft. Ich zeigte mich wieder. »Ich hasse sie, ich hasse sie.« Ich lächelte, und es funktionierte: Der heftige Anfall verschwand so schnell, wie er entstanden war.

Wir lagen eine Weile schweigend da, aber der Augenblick war ruiniert. Ich wusste, wie Danny tickte, und ich wusste, mein Verhalten sorgte nur dafür, dass er mich weniger und sie mehr mochte. Zum zweiten Mal an diesem Tag hätte ich am liebsten auf etwas eingeschlagen, aber ich konnte einfach nicht anders. Ich wälzte mich herum und küsste seinen Hals.

»Erinnerst du dich an das T-Shirt, das sie gestern anhatte?«

»Wer? Olivia?«

»Ja.« Ich machte eine Pause. »Hast du es ihr gegeben? Ich dachte, es gehört dir.« Er setzte sich wieder auf, diesmal sehr ernst, und legte seine Hände auf meine.

»Hör mal«, sagte er mit hochgezogenen Augenbrauen. »Ich liebe dich, okay?«

»Ich weiß.«

»Ich möchte dich nicht überzeugen.«

»Ich weiß«, sagte ich. »Tut mir leid.« Die Grillen dröhnten, und ich stand auf, um mir den Sand vom Rücken zu schütteln. »Ich – liebe dich eben sehr.«

Er sah mich an und strich mir das Haar hinter die Ohren.

»Ich liebe dich auch«, sagte er. Aber meine Antwort bekam ich nicht.

Das Kniffelspiel fand am Abend statt. Nach der Vorstellung. Trotz Dannys aufrichtig gemeintem Vorschlag, sie diesmal auszulassen, sah ich sie mir zum dritten Mal an. In der Stunde davor ging ich zu Penny Patch, dem alten Süßigkeitenladen im Dorf am Wellfleet Harbor. Ich aß ein kleines Stück Schokoladencremetorte, ein kleines Stück Penuche Fudge und drei Saltwater Taffys und kam zu dem Schluss, dass ich mich in der ganzen Sache lächerlich verhielt. Danny und ich waren abends zusammen essen gegangen. Wir hatten uns in einem romantischen Dünenkrater geliebt. Wir gingen zusammen, seit wir vierundzwanzig waren. Ich war mit seinen Eltern nach Minnesota gefahren; er war bei der Beerdigung meines Großvaters dabei. Olivia war seltsam und laut und ein Wildfang, und alle liebten sie, weil sie dazugehörte, Bier trank und alberne Mützen trug. Morgen würde ich mir Danny schnappen, und wir würden über die Autobahn zurück in die Mauern New Yorks verschwinden.

Die Tatsache, dass ich das Stück ein drittes Mal sehen musste, war fast schon komisch. Der Versuch endete diesmal in einer komplexen, detaillierten Vorstellung, was Danny und Olivia hinter dem Vorhang machten. Sie wünschten sich Glück vor ihrem ersten Auftritt. Drückten sich die Hände hinter dicken schwarzen Vorhängen an der Bühnenseite. Wechselten in der Pause rasch die Kostüme und sahen sich flüchtig in Unterwäsche.

Nach der Vorstellung gab ich mich extrem cool. Ich beteiligte mich an der stehenden Ovation und gratulierte Olivia, als sie aus dem Seiteneingang des Theaters kam. Ich zwinkerte Danny sogar zu, was er lustig fand oder zumindest so tat. Die Besetzung und die Crew waren voll auf dem Nostalgietrip – das Ganze ähnelte sehr dem letzten Abend eines Ferienlagers. Wir verteilten uns in Gruppen auf Autos und fuhren zum Beachcomber, wo die einheimischen Alkoholiker und schlechten Bands so grandios waren wie versprochen. Ich betrank mich sogar ein bisschen mit Gin Tonic, und Danny hatte mir in den Dünen offenbar zugehört, denn er schenkte mir viel Aufmerksamkeit. Der Morgen schwebte mit einer gewissen Euphorie über allem, was wir machten. Ich kam zu dem Schluss, dass ich Cape Cod genauso hasste wie seine Sommerheroine, und die Zeit, bis ich über die Eisenbrücke zurückfahren konnte, lief mit jeder äußerst verrückten Stunde ab.

Wie am Abend zuvor landeten wir zu sechst wieder bei Ricky. Danny, der bärtige Noah, der feinfühlige Eric, Olivia und ich. Wir mussten die Prozedur mit dem viereckigen Penis wiederholen, rannten die Treppe hoch und knieten uns hin, bis Ricky schließlich heraufpolterte und uns nach unten jagte. Alles kam mir zugleich sehr aufregend und sehr unreif vor, und ich war ernsthaft hin- und hergerissen zwischen dem Ärger über meine heimliche Bewunderung ihres ländlichen Hipstertums und meinem (inneren) Urteil, dass ihr Spaß ein wenig zu gewollt war. Eric drängte uns in die Küche, wo wir uns auf ein Trinkspiel einlassen sollten – ein Spiel, das seiner Ansicht nach irrsinnig witzig war, zu dem allerdings gehörte, einen Kurzen zu trinken und sofort eine geklatscht zu kriegen. Ricky konnte dem Ganzen nichts abgewinnen, und der Rest von uns war zu müde für solchen Unfug, und so hingen wir schließlich herum und durchsuchten die Schränke.

»Spiel«, sagte Noah und öffnete und schloss aus keinem ersichtlichen Grund den Kühlschrank. »Spiel!«

»Ja!«, stimmte Olivia zu. Und es war beschlossen. Danny und Noah bereiteten alles vor, und Ricky bestimmte Eric dazu, den Tisch abzuräumen und etwas zum Rauchen zu organisieren. Ich ging los, um mein Weinglas in die Spüle zu stellen, blieb aber stehen, als ich Olivia sah und wir zum ersten Mal allein waren. Ich schaute sie an.

»Willst du noch was trinken?«, fragte sie lässig.

»Nein, danke«, sagte ich und stand unbeweglich da. Es war still, peinlich.

»Hat dir der Wein geschmeckt?«, fragte sie schließlich und drehte einen Ring.

»Er war gut.«

»Wirklich? Ich fand ihn etwas süß.« Wir sahen uns ganz kurz an, und ich ging zur Spüle, um mein Glas in das nasse Becken zu stellen.

»Da«, sagte sie, und ich stellte ihres dazu. Das Ganze war sehr zielgerichtet, sehr durchdacht. Und im selben Moment wusste ich, dass Olivia Danny sehr mochte, sonst hätte sie den Raum verlassen. Ich hatte sie das ganze Wochenende beobachtet, aber mir wurde klar, dass auch sie mich beobachtet hatte. Die Erkenntnis war überwältigend.

»Ich fand, du warst in dem Stück sehr gut.« Wir umkreisten uns. »Körperlich warst du genau auf dem Punkt.«

»Danke«, sagte sie. »Danny hat mir erzählt, dass du auch mal Theater gespielt hast.«

»Ja, früher. Letztendlich hat es mich einfach nicht erfüllt. Ich brauchte etwas … Dauerhafteres. Das ist nicht das richtige Wort.« Wir sahen uns wieder an, und Olivias Gesicht öffnete sich zu einem breiten Grinsen. Das ausgelassenste Grinsen, das ich an diesem Wochenende bei ihr gesehen hatte.

»Was ist?« Es sollte herablassend klingen.

»Nichts. Nur – du hast viel von Danny. Deine Art zu reden. Dein Gesichtsausdruck.« Aus irgendeinem Grund empfand ich das als Beleidigung, und wieder überkam mich der Wunsch, ihr Gesicht an die Wand zu klatschen. »Ich meine, wahrscheinlich war es klug von dir, was anderes zu machen. Es ist irrsinnig schwer, vor allem zurzeit. Und seien wir ehrlich, wir wären alle nicht hier, wenn wir es wirklich schaffen würden.« Eine seltsame Bemerkung.

»Danny schon.« Meine Antwort kam prompt. »Ich weiß, dass Danny es schafft.«

Ich hatte sie überrascht. Sie schaute mich von der Seite an, weil sie merkte, dass ich es ernst meinte. »Er ist doch sehr begabt, findest du nicht?«

»Natürlich«, sagte sie, immer noch darum bemüht, aus mir schlau zu werden. »Er ist phantastisch.«

»Ja, nicht?«

Ich lächelte. Plötzlich schien sich alles zu verkehren. Danny war die ganze Zeit in meinem Team, er musste es sein, und nach Beweisen zu suchen war sinnlos. Vielleicht lag es am Wein oder an der Erschöpfung, aber in diesem Moment glaubte ich an Danny wie noch nie zuvor. Ich zog die Augenbrauen hoch und ging aus der Küche.

Als wir nach draußen kamen, bereiteten sie alles zum Kniffeln vor. Eric hatte abgeräumt, und Ricky suchte Schreibzeug. Noah drehte einen Joint.

»Die Mönche, bei denen ich in Taiwan war, haben das ständig und überall gespielt, wo es Würfel und Becher gab. Ich hab nie wirklich kapiert, wie das Ganze läuft, aber sie haben immer um irgendwas Verrücktes gewettet, zum Beispiel Reissäcke oder Hühner«, sagte er und leckte den Joint, während er ihn zwischen den Fingern drehte.

»Mann, hör endlich auf, von Taiwan zu reden. Du langweilst alle mit deinem Indien.« Danny riss einen Spielzettel von dem vorgedruckten Block und legte ihn vor sich hin.

»Ich war nicht in Indien.«

»Das ist nicht der springende Punkt.« Er sah Olivia an, und sie lächelten sich an.

»Noah war im vergangenen Sommer in Taiwan«, sagte er zu mir. »Wenn du Glück hast, zeigt er dir später sein Album mit den acht Millionen Fotos ... aber das wird hart, denn du kannst dir das alles natürlich nicht vorstellen, wenn du nicht selber da warst.«

»Ihr könnt mich mal«, sagte Noah. Er war fertig mit dem Joint, und alle hatten sich schließlich am Tisch versammelt.

»Komm«, sagte Olivia und zog einen Stuhl für mich zurück. Ich setzte mich, aber es gefiel mir nicht, dass sie jetzt mit mir redete, als wären wir Freundinnen.

Wir fingen an zu spielen. Zuerst etwas langsam, dann aber schneller, je nüchterner wir wurden. Offenbar endeten ihre Abende oft mit einem Spiel, und ihre Strategien, wann drei Gleiche gezählt wurden, waren mir zu hoch. Sie spielten hart. Danny, Olivia und Nick spähten auf den Spielstand der anderen und verfolgten, wer kurz davor war, den Fünfunddreißig-Punkte-Bonus zu bekommen.

»Fünfen, Fünfen, Fünfen«, sang Noah, hielt die Hand über den roten Plastikbecher und schüttelte. Er drehte ihn um, und wir warteten. Er hatte eine Fünf, packte den Rest der Würfel zurück und schüttelte wieder.

»Fünfen, Fünfen, Fünfen!« Er hatte noch eine Fünf.

»Ich bring dich um, wenn du das bei jedem Wurf machst«, sagte Danny.

»Aber es funktioniert!«

»Verfick dich.«

Er würfelte ein drittes Mal, hatte wieder zwei Fünfen und stand auf, um Eric abzuklatschen. »Ei-jei-jei! Fünf

Fünfer!« Danny holte sich die Würfel für seinen Versuch und schaffte mit Glück in letzter Minute eine kleine Straße. Trotzdem war er am Verlieren, und das gefiel ihm nicht.

Das Spiel schleppte sich weiter, und die Geschichten nahmen überhand. Es wurde langsam spät, aber zu Bett gehen bedeutete Abschied, und so machten wir weiter. Mein Ärger war allmählich einer Apathie gewichen, da die Aussicht auf morgen näher rückte und ich ins Auto steigen und die ganze Tortur hinter mir lassen konnte.

Aber dann sah ich es. Noah erzählte gerade die Geschichte über eine Produktion von *Othello* in seinem Lagerhaus in Queens, wo ein Darsteller aus Scherz sein Wasserglas mit Wodka gefüllt hatte, bevor er auf die Bühne ging, und ihn zwang, kleine Schlucke während der Höhepunktszene mit Emilia zu trinken. Ricky hörte gebannt zu, und alle beobachteten, wie er das Erzählte mit Whiskey und Cola nachahmte. Selbst ich musste lachen, aber ich warf Danny einen Blick zu, als er gerade seinen letzten Versuch beendete. Eine Sekunde früher oder später wäre es mir entgangen, doch aus irgendeinem Grund sah ich genau in dem Augenblick zu ihm, als seine Hand auf den Tisch schoss und eine Zwei zu einer Vier umdrehte. Einfach so: Er drehte den Würfel auf die Seite und legte die Hand wieder in den Schoß. Geschickt. Schnell. Aber es sagte alles. Wirklich und absolut alles.

»Kniffel!«, rief er, stand auf und grinste Noah unverwandt an. »Kniffel!«

»Mistkerl«, sagte Noah.

»Dannyyy«, quiekte Olivia.

»Er gewinnt immer.« Eric zog noch einmal am Joint. »Du nervst.«

Danny strahlte und drehte tänzerisch die Schultern von Seite zu Seite.

Aber mit einem Mal war alles ungeheuer anders. Ich war schockiert. Konnte einfach nicht begreifen, was ich eben gesehen hatte. Ich fühlte mich attackiert, als hätte mir jemand gewaltsam die Luft aus der Brust gepresst. Ich schaute ihn entgeistert an, verletzt, ausgesperrt hinter Wänden. Es war mir unbegreiflich. Das Spiel war nicht wichtig. Der Einsatz verschwindend gering. Ich wäre nie auf die Idee gekommen, so etwas zu tun, niemals. Aber für ihn war es ganz leicht. Ein Kinderspiel. Und das, wurde mir klar, war die ganze Zeit da gewesen.

Ich habe mich manchmal gefragt, ob alles anders ge-kommen wäre, wenn ich nicht gesehen hätte, wie er den Würfel umdreht. Wenn ich ein paar Sekunden länger bei Noahs bärtigem Lachen verweilt oder einen Schluck ge-trunken hätte. Oder wenn ich mich entschieden hätte, et-was zu sagen. Mit großen Augen aufgestanden wäre und ihn öffentlich angeklagt hätte. Ihn bloßgestellt und ge-zwungen hätte, vor seiner Geliebten und ihren Kollegen um Gnade zu winseln.

Doch sein Vergehen auszusprechen wäre sinnlos ge-wesen; er hätte nie verstanden, wie unglaublich tief mich diese winzige Drehung seines Handgelenks getroffen hatte. Wie unglaublich er mich erniedrigt hatte. Verspot-tet. Betrogen.

Ich redete nicht mehr viel am Rest des Abends. Ich saß steif auf meinem Stuhl und war noch stiller im Bett, als er mich streichelte. Kurz bevor wir einschliefen, fragte er mich, ob etwas nicht stimme, aber es war die Sache nicht wert.

»Bist du immer noch wegen Olivia sauer?« Ich lachte beinahe. Olivia ist nichts, hätte ich am liebsten gesagt. Ein Witz. Mehr nicht.

Ich erwachte bei Sonnenaufgang, es war Ebbe. Ich legte meine Röcke und flachen Schuhe in ordentlichen Stapeln in meine Tasche, stieg die Treppe hinunter und ging hinaus in die frische Luft von Cape Cod. Die Fahrt nach New York kam mir kurz vor, und ich hielt erst wieder in der Stadt, trat durch die Haustür, stieg die Treppe hoch und stellte mein Handy ab, um lange, lange zu schlafen.

Ich weiß noch, wie ich meiner Mutter zu erklären versuchte, warum der Kniffel so wichtig war, aber sie verstand es nicht. Wir aßen in der Bleecker Street zu Mittag, und ich wollte sie überzeugen, dass es mir wirklich gutging. Sie war von Pennsylvania hoch gefahren, aber ich wollte nur über die Schwägerin meiner Schwester und die Oscar-Nominierungen reden. Es goss in Strömen. Als sie die Rechnung zahlte, hörte es auf, und vor dem Fenster tropfte es von der Markise des Restaurants. Wir hatten vor, den Nachmittag im Metropolitan Museum zu verbringen, allerdings schien mir die Aussicht unerträglich anstrengend. Ich stellte mir vor, wie ich mit einer Broschüre und schwindender Konzentration von einem riesigen Raum in den nächsten schlendern würde. Ich würde Beschreibungen auf Marmorwänden lesen und merken, dass ich nichts mehr aufnehme. Ich würde allmählich nach Bänken Ausschau halten. Ich würde dehydrieren. Draußen, in der glühenden Hitze, würden Menschenmengen sonnenverbrannt darauf warten hereinzukommen. Ich wollte nach Hause gehen und ins Bett sinken oder mich wenigstens länger als zwei Minuten hinsetzen. Aber das könnte ich nicht. Ich würde leiden. Frustriert sein. Der Kellner kam zurück, um die Rechnung zu holen, und ein kleiner Kuchen mit einer flackernden Wunderkerze wurde vorbeigetragen.

Cha-cha-cha, dachte ich. Cha-cha-cha, cha-cha-cha.

In den kommenden Jahren flüsterte er es auf Partys, wenn die Torte die Runde machte, oder er sagte es lautlos beim Geburtstagsessen einer Schwester oder eines Bruders über einen Tisch im Restaurant hinweg. Am Abend unserer Hochzeit zwinkerte Danny mir zu, als die Torte aufgetragen wurde, und wir wussten beide, was er dachte. Meine Mutter fand es immer recht erstaunlich, wie absolut man Dinge sieht, wenn man jung ist. Aber der Sand rutscht in Rinnsalen abwärts, bis die Dünenkrater voll sind. Das ist unvermeidlich, schreiben die Zeitschriften, und wir schütteln den Kopf mit trauriger Sehnsucht nach dem Gras und den Grillen. Und das bleibt.

Die smaragdgrüne Stadt

An: Laura.Kenzie@gmail.com
Von: William.Madar@CPA.Kellogg.gov
Gesendet: 16. Juni 2003 10:56 PM
Betreff: Zerfließen! (42° in der Grünen Zone)

Liebste Laura,

seit heute trage ich keine Waffe mehr. Ehrlich gesagt, brauchen wir sie eigentlich nicht. Es ist, als würden wir unser eigenes Abenteuer erfinden – wir kriechen durch die Gärten Bagdads, als wären die Samen Minen und die matschigen Birnen könnten uns die Beine absprengen. Wolf nimmt seine M-9 immer noch mit nach draußen, er trägt sie am Gürtel der Cargohose wie seine Comichelden. (Die Nerds in der CPA, der Übergangsverwaltung der Koalition, stehen auf den Kriegsruhmkram.) Aber ich bin kein Möchtegernsoldat, das muss ich dir nicht sagen. Meine Entscheidung, nicht in die Armee einzutreten, war somit die beste meines Lebens. Mit meiner Schwärmerei für Bagdad war es schon lange vorbei, bevor die Wacholdersträucher blühten und das Schwimmbad in der Grünen Zone wiedereröffnet wurde. Ich esse afghanische Bananen in einem Büro in einem Palast in einer Friedenszone, verdammt nochmal. Draußen sind nur welche, die gegen Steine geschleudert werden, die in ihren Wüstenverstecken lauern, bis sie als menschliche Bomben explodieren.

Ich denke oft an dich, falls das etwas heißt. Und da ist dieser Fluss, Laura, ein Fluss, der sich an Saddams alten Statuen und Monumenten und marmornen Bauwerken aus früheren Tyranneien entlangwindet, es ist die pure Ironie. Die Araber nennen ihn »Dijla«, aber jeder Bibelleser östlich von Persien weiß, es ist der Tigris, der direkt aus Mesopotamien durch den Sand fließt. Wahrscheinlich das Erste, was einen Namen bekam, als die zivilisierte Welt entstand. Wenn es heiß ist und die Wachen keinen Vorgesetzten um sich haben, dürfen wir uns auf die Splitterschutzwälle am Ufer setzen. Wolf und Michael nehmen Bier mit und lachen über die Texaner oder erzählen vom College. Aber wenn ich Wasser sehe, denke ich an New Hampshire. An deinen Geruch nach Blaubeeren und Kiefern, wenn wir am Hafenbecken saßen.

Ich bin so ausschweifend, Laura! Aber du bist es ja gewöhnt, mir meine poetische Ader zu verzeihen. Weiß Gott, die Soldaten würden sich schlapplachen, wenn sie das lesen. Es ist komisch genug, dass letztendlich ein dünner Architekt die Bezirksgrenzen im Irak neu ordnet. Allerdings ist es ganz schön, etwas zu machen, das der Welt (theoretisch) hilft. Ich war es leid, Parkplätze und gewerbliche Langeweile zu entwerfen. Aber das weißt du ja.

In Wahrheit habe ich eigentlich nichts zu sagen. Die Grüne Zone ist derzeit wenig aufregend, schon gar nicht für zivile Bürosklaven wie uns, die sich vertraglich bei der CPA verdingen. Vielleicht sollte ich einfach so tun, als wäre ich dein vermisster Leutnant, der mit deinem Bild an der Brust aus dem Hinterhalt auf Terroristen schießt.

Meistens schlagen wir nur die Zeit tot. Schwitzen in unseren Zipp-Off-Hosen und bewegen uns wie Motten in Richtung der klimatisierten Inseln in der Stadt. Inzwischen haben sie meine Abteilung aus den Hotelbüros in das Hauptquartier der Besatzungsmacht in Saddams alten Palast verlegt. (Jetzt residieren da nur noch Diplomaten und politische Snobs.) Ich lebe allerdings immer noch in diesem Trailer. Trotz der Hitze ist das gar nicht so schlimm. Ich habe ein Regal angebracht und konnte einem Freund, der in der Küche arbeitet, einen Kaffeekocher abkaufen. Das Ganze hat ein bisschen was von Pleasantville – die identischen Trailer, aufgereiht vor gepflegtem Rasen und Palmen. Selbst die Straßen wirken surreal, in der Zone halten sich sogar Hummer an die 35 mph Höchstgeschwindigkeit und fahren wie in Zeitlupe.

Meine Arbeit ist dieselbe geblieben. Offiziell wurde ich zum Stellvertretenden Sekretär der Abteilung Wiederaufbau und Neuzuteilung von Wohnraum befördert, aber Titel bedeuten hier nicht viel. Allerdings habe ich endlich meine eigene Übersetzerin (Gott sei Dank). Ich glaube, die Iraker erkennen allmählich, dass dies hier für die Dauer ist. Letzte Woche haben Wolf und ich die Schiiten überprüft, die wir in einem der Wohnkomplexe in der Zone untergebracht haben, und kaum eine Familie hatte ihre Sachen ausgepackt. Eine Frau kochte Kichererbsen auf einem kleinen Kocher und verbot ihren Kindern, die Reißverschlüsse ihrer Taschen zu öffnen. Sie rührte stoisch in ihrem Topf, rührte und rührte und schüttelte den Kopf. Wolf gab den Kindern Kaubonbons, aber sie warf sie ihm zurück. Später schaute ich in ihrer Akte nach und erfuhr, dass ihr Mann bei der Bombardierung umgekommen war.

Diese Leute kapieren es einfach nicht, Laura. Sie kapieren nicht, dass unsere Trailer nicht vor September abziehen. Andererseits bin ich mir auch nicht sicher, ob die CPA das wirklich kapiert. So langsam glaube ich, dass wir langfristig hier sind. Das ist hart angesichts meiner Neigung zu langatmigen Träumereien von Blaubeeren und Kiefern.

Es tut mir leid, wenn das alles seltsam klingt, Laura. Ich weiß, wir haben gesagt, wir lassen alles offen – trotzdem wusste ich nicht, was ich davon halten soll, als du nicht bei meiner Abschiedsparty aufgetaucht bist. Wenn du willst, dass ich nicht mehr schreibe, lasse ich es. Wirklich, versprochen. Aber du sollst wissen, dass ich an dich denke. Du sollst wissen, dass du mein Halt außerhalb dieser Mauern bist.

Ist es heiß in Manhattan? Sind die Japaner schon eingefallen, oder ist es noch zu früh im Sommer? Ich würde dir mehr über dieses merkwürdige Land erzählen, aber ich bin eingesperrt. Man hat uns dieses Treibhaus gebaut und lässt uns nicht hinaus.

Jedenfalls hat mein Ventilator den Geist aufgegeben, und wahrscheinlich sollte ich schlafen, bevor ich zerfließe. Ich könnte schwören, dass die ganze Wüste bis August zu Glas zerfließt. Aber mach dir keine Sorgen um mich, Laura, wirklich nicht. Hier ist es sicherer als in der Stadt, ehrlich.

Dein armer ratloser Soldat und CPA-Beamter, Will

* * *

An: Laura.Kenzie@gmail.com
Von: William.Madar@CPA.Kellogg.gov
Gesendet: 24. Juni 2003 12:39
Betreff: Grüße aus Kebab-Land

Laura!

Ich esse gerade einen Kebab und draußen regnet es. Dieses Nebeneinander ist somit das Beste, was den ganzen Monat passiert. Die CPA hat den Ballsaal im Palast in eine Kantine umgewandelt, ich schreibe dir also aus einem ziemlich eleganten Ambiente. An solchen Orten geht meine Phantasie mit mir durch – du weißt ja, ich und hohe Decken. Ich stelle mir vor, wie Saddam und seine Söhne bei einem Tanz durch die heiligen Hallen wandeln. Vielleicht bleiben sie genau an dieser Stelle stehen, streichen sich über den Bart oder zupfen an einem Gewand. Wir scherzen immer, dass die Geister der Husseins herauskriechen und durch die Gänge spuken, wenn die Marmortüren abends um neun verschlossen werden.

Meine Laune ist bestens, Laura. Vielleicht die beste seit meiner Ankunft. Als du mir letzte Woche nicht geantwortet hast, war ich besorgt, dass du gar nicht schreibst, deshalb war ich heute Morgen begeistert, als ich deinen Namen in meiner Mailbox sah. Ich weiß, du willst nicht darüber reden, aber ich bin froh, dass wir so in Kontakt bleiben. Du fehlst mir, und draußen jemanden zu haben ist wichtiger, als du dir vorstellen kannst.

Es gibt noch mehr gute Nachrichten: Letzte Woche haben sie mir eine Übersetzerin zugeteilt, und ich fühle mich endlich in der Lage, einiges zu schaffen. Es ist schon schwer genug, irakische Familien umzusiedeln, auch ohne auswendiggelernte arabische Phrasen und verlegene Einschübe wie *ana asif, ana asif*, tut mir leid, tut mir leid.

Sie heißt Haaya und ist unglaublich. Ihr Vater war in den Achtzigern ein Funktionär der irakischen *Baath*-Partei, aber ihre Mutter ist »eine Sowjet«. Als sie zwölf war, wurden ihr Vater und ihre Brüder vor ihren Augen von Regierungsmännern getötet – als Strafe für ihr Sympathisieren mit

Kuwait. Danach lebte sie in Russland, kam aber zwei Monate nach der Universität in Moskau in die Wüste zurück, um turbanlosen Menschen englische Sätze einzuflüstern.

Sie trägt keinen Hidschab, keine Burka und auch nichts Langärmeliges. Sie gleitet zwischen den Palmen hindurch, als hätte sie sie gepflanzt, sie bewegt sich im Palast, als gehörte er ihr. Mir war nicht bewusst, wie sehr ich sie brauchte, bis sie dann erschien. Jetzt kann ich sprechen. Jetzt kann ich hören. Ich kann mit den Männern aus den Slums und den Hausbesitzern und den Pitabrot verkaufenden Händlern sprechen und ihre Wohnprobleme verstehen, ohne zehn Wörterbücher konsultieren zu müssen. Es tut einfach gut, mit jemandem reden zu können, wenn ich mal von meinem Laptop wegkomme. Wolf und Michael sind toll, aber sie interessieren sich nur für Wiederaufbauprogramme in der Nachkriegszeit (und vielleicht noch für Shooterspiele).

Haaya studierte Kunstgeschichte, deshalb reden wir viel über geisteswissenschaftliche Themen. Sie erklärte mir die Bauwerke und Statuen und ich ihr die Planung und Entwürfe. Wusstest du, dass die Moscheen vor den Osmanen keine Decken hatten? Mir gefällt das. Irgendwie ist es natürlicher, im Freien zu beten. Trotz ihrer bloßen Arme betet Haaya fünfmal am Tag. Sie hat eine kleine Matte in ihrem Rucksack und entschuldigt sich einfach bei Terminen. Gestern Abend gingen wir zu den Orangenbäumen und beobachteten die Hubschrauberlandungen. (Sie kennt den Wachmann, der für den Hain verantwortlich ist.) Ich habe ihr von dir erzählt, während wir Zitrusfrüchte schälten. Ich glaube, ihr würdet euch mögen.

Arghgfjshdfg, Laura! Es gibt so viele Orte, die ich noch bereisen möchte, so vieles, was ich noch tun möchte! Mein Ausstieg aus der Welt der Konzerne und einem Job von neun bis fünf hat einen gewissen Expeditionismus in mir geweckt. (Mein Computer erzählt mir, das sei kein Wort, aber ich schwöre, es ist eins.) Bist du schon mal in Asien gewesen? Ich finde, wir sollten nach Asien gehen. Asien oder Afrika. Erinnerst du dich noch, dass wir oft davon geredet haben, eine große Reise zu machen? Es ist schon eine Weile her, aber trotzdem. Ich weiß, wir haben uns darauf geeinigt, nicht über die Zukunft zu reden, aber irgendwann werden sie uns hier rauslassen. Vielleicht marschieren die Vereinigten Staaten in Indien ein, dann können wir in deren Schlössern Kebab essen. :)

Irgendwie ist es seltsam, aber ich habe Schuldgefühle, weil es mir gutgeht. Wenn du mich sehen könntest, wie ich hier Obst esse und zusehe, wie die Soldaten landen und direkt von der Highschool im Gänsemarsch zu Betonlabyrinthen und explodierenden Straßen marschieren. (Ich bin mir sicher, dass wir mit neunzehn nicht so jung ausgesehen haben.) Es kursiert das Gerücht, dass GIs ihre Peilsender in Mülltonnen gepackt und ihren Dienst auf irgendwelchen Feldern verschlafen haben. Die Army ist ein Chaos, und die Regierung weiß das. Die CPA tut ihr Bestes per Fernbedienung und späht über die Mauern der Grünen Zone. Haaya hat mich zum Nachdenken gebracht. Mir ist klar, dass wir doppelt so viel bewirken könnten, wenn man uns den Irak wirklich sehen ließe.

Oh Gott, die Führung der CPA hat offenbar telepathische Fähigkeiten entwickelt – Paul Bremer kommt gerade mit seinem Mittagessen hierher. (Du hast es wahrscheinlich in den Nachrichten gesehen, seit Mai ist er hier der Boss.) Es wird Zeit, so zu tun, als würde ich Flächennutzungspläne analysieren! Pass auf dich auf! Du fehlst mir! Erzähl mir mehr über deine Arbeit, Laura, deine letzte Mail war so kurz!

Ich denk an dich,

Will

* * *

An: Laura.Kenzie@gmail.com
Von: William.Madar@CPA.Kellogg.gov
Gesendet: 5. Juli 2003 1:12
Betreff:

Laura!!

Alles Gute zum Vierten Juli! Komme greade von der Party in der grünen zone! Es war so amerikanisch, aber ich fand es unglaublich toll, weil im dieses Land unglaublich liebe, wirklich. Zur moralischen Aufrichtung oder so fand sie am Schwimmbaf statt, und Haaya hat mir einen muslimischen Tanz beigebracht, aber ich hab den Namen vergessen! Es ist wieder so heiß, alle Jungen waren den ganzen Tag schwimmen, und man hat alles fürs Barbecue eingeflogen, das hat mich an zu Hause erinnert. Ich muss dir sagen Laura, ich liebe unser Land wirklich. Ich weiß, die Invasion und alles ist schiefgelaufen, aber wir sind nur ein Haufen Jungs, die der Welt Demokratie bringen wollen, darauf läuft es hinaus. Odre siehst du Amerikner Flugzeuge in die Luft sprengen? Ach, ich liebe dich so sehr Laura ich weiß, ich soll das nicht sagn, aber ich dachte an dich und mach dir wirklich keine Sorgen mir geht es gut hier, sehr sicher etc. Du hättest hören sollen, als die Luftwaffe die Nationalhymne sang so sollte sie gesunden werden, ich weiß es. Da war ein Mann – er fing an zu weinen, als er sie gehört hat, ein alter Mann, der sämtliche Abzeichen aus Vietnam trug und er fing zu weinen an, als er das Sied hörte.

Ich bin so müde, dass mir gleich die Augen zufallen, aber ich dachte, ich schick dir das, damit du weißt, ich denke an dich. Schreib mir zurück, ich lese deine Briefe hundert Mla, wenn du zurückschreibst.

Will

* * *

An: Laura.Kenzie@gmail.com
Von: William.Madar@CPA.Kellogg.gov
Gesendet: 19. Juli 2003 22:23
Betreff: die letzten zwei Wochen

Laura –

Entschuldige, dass ich dir nicht früher schrieb, aber hier
ging es drunter und drüber. Ich bin sicher, du hast alles in
den Nachrichten gesehen (die Medien stürzen sich darauf,
aber ich erzähle dir die Geschichte ohne Sorge um die öffentliche Meinung). Gegen 4.30 Uhr raste der Lastwagen
der Rebellen durch die Verteidigungslinie und in das Ca-
nal Hotel. Ich war draußen (ungefähr achthundert Meter
entfernt), aber alle Fenster in der Yafa Street schepperten
gleichzeitig. Jeder hat es gehört. Ich schätze die Neugier
war stärker als die Angst, denn in den Straßen wimmelte es
sofort von verqualmten, zusammengekniffenen Augen. Es
ist verrückt, aber die Leute waren erleichtert, dass es nur
das Hauptquartier der UN war. 22 sind tot, aber mit den
Verwundeten lagen sie falsch – eher 200 als die 125 laut
CNN. Da der Hohe Kommissar für Menschenrechte (ironischerweise) unter den Trümmern erstickte, geht das Gerücht, dass die UN bis August ihre Zelte hier abbricht.
Würde mich nicht wundern.

Ich trage jetzt wieder meine Waffe. Es ist albern, aber ich
tu's trotzdem. Da war eine Frau, Laura, und ihr Arm hing
buchstäblich nur noch am Körper. Sie hielt ihn mit der an-

deren Hand fest und ging einfach weiter. Ging mit großen Augen und wortlos vom Hotel weg. Sie ging, Laura! Sie rannte nicht, schrie nicht, sondern bahnte sich einfach den Weg durch die Yafa wie die dahinkriechenden Autos. Wenn ich schlafen will, sehe ich den Arm dieser Frau, und dann wache ich auf und stecke meine M-9 an den Gürtel. Im Grunde weiß ich genau, wie albern das ist. Schließlich kann eine Pistole nicht verhindern, dass ein Auto in die Luft fliegt.

Alle sind nervös. Beim Mittagessen hat Wolf die Sicherheitsbroschüre der CPA studiert, und Michael reißt ständig den Kopf ruckartig in die Stille, als hätte er irgendwo eine Bombe gehört. Haaya ist die Einzige, die unbeeindruckt wirkt. (»Das ist ein Krieg.«) In letzter Zeit haben wir mehr Zeit im Gelände verbracht und weniger im Büro. Wir sind fertig mit der Überprüfung und Dokumentation der Bauern, die nach der Besatzung in die Wohnungen der Grünen Zone geströmt sind. Gruppen von vierzehn, fünfzehn Leuten zwängen sich in Dreizimmerwohnungen, aber verglichen mit den Slums vor den Mauern ist es hier drinnen relativ geschützt. Das Problem ist, dass jetzt Misstrauen gegenüber allem und jedem herrscht, dessen Teint nicht hell ist. Die neuen, von uns instandgesetzten Wohnungen waren am Tag des Anschlags einzugsfertig, aber Bremer hat das Ganze um drei Wochen verschoben. Wahrscheinlich ist es so am besten. Die Leute drängen sich darum, hier hereinzukommen, und die Hintergrundüberprüfungen bereiten dem halben Büro Kopfschmerzen.

Und noch mehr schlechte Nachrichten. Über zivile Slums sind Berichte von Massakern an Sunniten zu uns gedrungen. Allem Anschein nach steckt die irakische Polizei dahinter. (Bitte behalte das UNBEDINGT für dich.) Deshalb müssen wir die Bezirke neu ordnen. Wenn wir die Sunniten konzentrieren, können die GIs endlich effektive Patrouillen machen – die Vorstellung der CPA, durch Desegregation ließe sich »die Krise an den Wurzeln packen«, ist ein dummer Wunschtraum. Hier geht es nicht um die Rassenkonflikte in den Südstaaten, es geht um 1400 Jahre heiligen Krieg! Es sind Sunniten, die man mitten in der Nacht aus ihren Häusern holt und mit einem Tuch überm Kopf am Tigris erschießt. Die irakische Polizei patrouilliert tagsüber, und sobald sie mit dem Abendgebet fertig sind, begleiten sie die Mahdi-Armee. Da sie Zugang zu den Bewohnerlisten haben, erledigt sich ihre Arbeit fast von selbst (sogar ich kann am Nachnamen einen Sunniten von einem Schiiten unterscheiden).

Haaya und ich haben gestern Abend wieder den Hubschrauberlandeplatz beobachtet. Die Orangenhaine hinter dem Palast sind uns fast schon zur Gewohnheit geworden. Allmählich verschmelzen die Tage miteinander, und es sind solche Momente, die mich aus dem Bett holen. Nachts kommen die Winde, und wenn wir uns konzentrieren, können wir das Salz vom Kaspischen Meer riechen. Haaya hat mir Arabisch beigebracht. *Burtuqal*, Orange. *Nakhla*, Palme. *Jundi cheb*, junger Soldat. Jede Nacht werden neue Truppen eingeflogen und alte ausgeflogen. Wir beobachten, wie sie in Reih und Glied marschieren, und legen unsere Orangenschalen im Gras ebenfalls in Reihen hin. Am Mittwoch hat sie mir alles über den Tod ihrer Familie erzählt, und ich hab ihr von Kyles Überdosis erzählt und dass ich fast die Schule geschmissen hätte. Kameradschaft ist alles, Laura. (Die Hitze scheint Klischees zu fördern, aber es stimmt.) Wolf und Michael sind jetzt Zimmerkollegen, sie reden nicht viel, aber sie spielen Ballerspiele auf ihren Laptops, wenn sie nicht schlafen können.

Mir fehlt New Hampshire, Laura. Richtige Bäume und Fische und Hängestühle. Was macht die Stadt? Warst du schon bei Shakespeare im Park? Ich hab versucht, Haaya das Konzept zu erklären, indem ich es mit den präosmanischen Moscheen verglich. Ich wünschte, du wärst ein bisschen ausführlicher in deinen Mails. Deine Post ist immer eine schöne Abwechslung für mich.

– Will

* * *

An: Laura.Kenzie@gmail.com
Von: William.Madar@CPA.Kellogg.gov
Gesendet: 2. August 2003 1:11
Betreff: hallo

Heute kamen Neuigkeiten von draußen. (Ein CPA-Beamter hatte die Vollmacht, sich mit einem Imam zu treffen, der nicht in die Zone kommen konnte.) Er ging einen überfüllten Gehsteig in der Innenstadt entlang, als ein alter Mann mit zwei Tüten Lebensmitteln von einem jungen Typen belästigt wurde, der mit vorgehaltenem Messer das Essen und Geld von ihm wollte. Die Fußgänger blieben stehen und verfolgten den Vorfall, als wäre das ganz normal. Der alte Mann griff in seine Tasche, aber er holte nicht seine Brieftasche heraus, sondern eine Waffe, entsicherte sie und schoss den Mann mitten in die Brust. Ein paar Zuschauer jubelten, andere spuckten aus, und der alte Mann hob seine Tüten auf und setzte seinen Weg fort. So ist das im Irak.

Haaya schlug vor, dass wir heute getrennt arbeiten. Ich musste Bürokram erledigen, und sie wollte mit ein paar Männern in den Slums reden, außerhalb der neuen Wohnblocks. Ich hielt das für keine gute Idee, aber sie blieb stur. Ich war den ganzen Tag durcheinander – zerstreut, erschöpft (schrieb E-Mails, statt zu arbeiten). Wahrscheinlich verlasse ich mich mittlerweile mehr auf sie, als ich dachte.

Ich weiß, ich habe schon länger nicht geschrieben, aber deine Mails sind angekommen, und es tut mir leid, dass ich nicht früher geantwortet habe. Zurzeit fällt es mir schwer, meine Gedanken in Worte zu fassen. (Du musst mir meine poetische Geschwätzigkeit ausnahmsweise nicht verzeihen.) Aber inzwischen verfolgt mich die Schönheit dieser Stadt. Die Dattelpalmen haben geblüht, und alles ist zugewuchert und saftig. Für die Pflege der Palastgärten und Wildblumen wurde niemand verpflichtet, deshalb sind die Grünflächen bei den Explosionsschutzwänden (herrlich) verwildert. Aber wir hören jetzt die Feuergefechte. Feuergefechte und Sirenen und gedämpftes Knallen aus der Stadt. Der Stadt, in der ich seit Monaten lebe, die ich aber nie wirklich gesehen habe.

Was macht die Arbeit?

* * *

An: Laura.Kenzie@gmail.com
Von: William.Madar@CPA.Kellogg.gov
Gesendet: 10. August 2003 0:35
Betreff: hi

Laura,

ich muss mich wieder entschuldigen, dass es so lange gedauert hat. Die Arbeit frisst mich langsam auf, und wenn Haaya und ich nicht im Büro sind, schlafen wir meistens. Es wird zunehmend schwieriger, Zeit allein mit meinem Laptop zu finden.

Am meisten beschäftigen mich die Nachrichten über die Sunniten. Die Gerüchte über die Massaker schlagen Riesenwellen in der ganzen Zone. Im Grunde weiß jeder, dass die irakischen Polizeitruppen hinter den Anschlägen stecken – aber die CPA will immer noch nicht sehen, dass die von ihnen ausgebildeten Männer nachts auch als Mahdi-Schergen dienen. Drei Abende hintereinander habe ich die Zeitungen durchgekämmt, aber selbst die eher linke Presse kommentiert das Geschehen noch nicht. Haaya glaubt, der CPA ist das völlig egal. Und ehrlich gesagt würde es mich nicht wundern, wenn es so wäre.

Ich persönlich finde diese Haltung abstoßend. Wir haben GIs, die patrouillieren, wir müssen sie nur an den Kontrollpunkten stationieren, um zu verhindern, dass man Zivilisten weiterhin auf Lastwagen weggekarrt und in den Bergen erschießt. Das ist doch nicht so schwer!!! Wir reden von sechzig Leuten pro Woche, Laura! Es handelt sich hier nicht um Scheibenschießen oder Autobomben.

Da ist ein Mann, der jetzt jeden Tag vor dem Palast steht. Ein alter Kerl mit ledriger Haut und gelben Augen. Wenn die Mitarbeiter die Marmortreppe hochgehen, bombardiert er sie mit Fragen, schreit nach seiner toten Sunniten-Familie und leiert immer wieder dieselben Gebete herunter. Im Büro nennen ihn alle den »verrückten Scheich«, aber offenbar weiß keiner, welche Abteilung für seinen Fall zuständig ist. Wir gehen einfach vorbei. Gehen mit unseren Buschhüten und M-9 an ihm vorbei, um in diesem verdammten Schloss Papiere herumzuschieben.

Haaya und ich haben versucht, auf unseren Hausrunden ein paar Informationen zu sammeln. Wir glauben, wenn wir genug seriöse Quellen auftun, greift vielleicht jemand aus dem Pressekorps die Sache auf und macht eine Geschichte daraus. Laut einer Frau auf dem Markt holen die Mahdi-Leute mittlerweile auch Kinder. Bei jedem gedämpften Knall außerhalb der Mauern stelle ich mir jetzt vor, wie einem Kind der Kopf weggeschossen wird. Dafür bin ich nicht hierhergekommen, Laura. Ich dachte, ich könnte einen Beitrag leisten. Ich dachte, ich könnte der Welt helfen und nicht die Augen vor ihr verschließen.

Ich bin erschöpft. Entschuldige, dass ich keine Zeit habe, dir etwas Schönes zu schreiben. Ich wette, New York ist im Augenblick ein Traum. August war immer mein Lieblingsmonat in der Stadt.

Halte durch. Will

* * *

An: Laura.Kenzie@gmail.com
Von: SoccerStar73@aol.com
Gesendet: 16. August 2003 1:06
Betreff: lösch das, wenn du fertig bist

Ich schicke dir diese Mail über meine alte Adresse, da die CPA unsere Accounts lesen kann.

Es gibt Neuigkeiten. Haaya hat einen Plan, wie man die Umsiedlung der Sunniten in den Bezirken drosseln könnte, allerdings ist das nicht unbedingt regelkonform (daher *SoccerStar 73*). Als wir letzte Woche allein arbeiteten, traf sie einen Mann aus dem Slum, der von den Mahdis erzählte. Er wusste über die Massaker Bescheid und behauptete, die Hintermänner zu kennen. Als sie gegen Sonnenuntergang zurückkam, war sie wie besessen von dem Mann; dem Klang seiner Stimme, dem Grün seiner Augen. Er meinte, sie könnten nicht auf der Straße reden, und ging mit ihr ins Hinterzimmer eines Cafés an der Yafa. (Sie hat wirklich Nerven, das muss man ihr lassen.)

Sie sagt, er kennt sich mit Kunst und Musik und Architektur aus, weiß um die Ironie, die die Wände schmückt. Ein gebildeter Mann in den Slums erschien mir verdächtig, aber für Haaya war er ein Märtyrer. Sie aßen Mangos und haben fünf Tage hintereinander miteinander geredet. Ich wollte jedes Mal mitkommen, aber sie hat es mir verboten. (Sie wolle sein Vertrauen gewinnen, sein Arabisch sei zu kompliziert, um es zu übersetzen, und ein Fremder könne einen »falschen Eindruck« erwecken.) Ich war argwöhnisch, aber ich vertraue Haaya, und Haaya vertraut ihm. Anscheinend kennt er die Männer in der irakischen Armee, die mit der Mahdi-Armee unter einer Decke stecken. Anscheinend könnte er notfalls eine Liste von ihnen aufstellen. Eine Liste, wiederholte Haaya, während wir uns unter unseren Obstbäumen ausstreckten. Vertrau mir, sagte sie. Vertrau mir.

Ich musste ihr vertrauen. Haaya kennt die Sprache und die Kultur besser als ich, und wir reden von zehn bis zwanzig Opfern pro Nacht. Der Deal ist folgender: Er möchte mit seiner Großfamilie in die Zone ziehen – die Wartelisten sind lang, und er glaubt nicht, dass sie die Hintergrundüberprüfung bestehen. Haaya hielt inne, bevor sie fortfuhr – sie wollte, dass ich ihr in die Augen sehe. Sein Bruder hatte früher Verbindungen zu Al-Qaida, aber nach 9/11 zog er sich zurück und schloss sich – beschämt, verwirrt und völlig verschreckt – kleinen Gruppen gemäßigter Islamisten an. *Ta'ib, Ta'ib*, sagte er immer wieder. Reform, Reform, mein Bruder ist reformiert. Ich weiß, dass Haaya für solche Männer Sympathien hat. (Ihr Vater zog sich während des Ersten Golfkriegs von der irakischen Baath-Partei zurück.)

Die Politik der CPA verbietet es natürlich, dass Verbündete von Al-Qaida (reformiert oder nicht) ein Geschäft innerhalb der Grünen Zone eröffnen – geschweige denn, dass sie Hunderte von Übersetzern, Botschaftsmitarbeitern, Journalisten und Ärzten überspringen und sich vordrängen. Haaya redete vom Nützlichkeitsprinzip, um ihn zu verteidigen. Sie redete von der Rettung Hunderter sunnitischer Leben, der Forcierung des Rückzugs, einer Reform der Bezirke und der irakischen Polizei von innen. Wie viele Namen, fragte ich sie immer wieder. (Eher für mich als in Erwartung einer Antwort.) Fünfzig Namen. Fünfzig Namen der Mahdi-Miliz, die verdeckt als Mörder agierten. Ich zählte fünfzig Männer, einen nach dem andern, die am östlichen Rand des Hubschrauberlandeplatzes eine Reihe bildeten und Gestalt annahmen. Dann zählte ich fünfzig Männer, die zur Nachtbasis marschierten und in das Armeezelt drängten, wo sie ihre Tarnanzüge durchschwitzten und ihren Müttern nach Hause schrieben.

Ich ließ mich darauf ein. Meine Abteilung führt die Akten über die Hintergründe und Wartelisten, und, nun ja, ich bin der Leiter meiner Abteilung. Mr Abdul Aziz Makin wird Haaya eine Liste mit fünfzig Namen geben, die wir überprüfen, bevor wir ihm die Wohnerlaubnis erteilen. Ich bin nervös, Laura. Aber wenn das funktioniert, haben wir die Möglichkeit, Tausende von Leben zu retten. Im Übrigen stand fast jeder Schiite in Bagdad irgendwann mit Al-Qaida in Verbindung, es ist also nicht so, als würden wir in diesem Fall eine Riesenausnahme machen. Bei jedem Schuss aus der Stadt bin ich mir sicherer, dass ich das Richtige tue. Sobald wir die Mahdi-Leute aus der Polizei entfernen, können wir in dieser Einöde vielleicht endlich Fortschritte machen.

Ich habe angefangen zu beten. Ich weiß, du in deinem rasenden Atheismus findest das lustig. Es hat was mit dieser Stadt zu tun. Mit den Blumen, dem Marmor, den Leuten, die sich spätestens nach vier Stunden gen Mekka neigen. Ich weiß nicht, an welchen Gott mein Verstand sich wendet, aber ich hoffe, es ist einer, der nicht an den Dschihad glaubt.

Ich denke immer noch an dich. Wahrscheinlich klingt das oberflächlich, aber es stimmt. Ich weiß nicht, warum du mir seit einiger Zeit nicht mehr schreibst, Laura, aber ich schätze mal, du bist einfach mit deiner Arbeit oder deinen Freunden beschäftigt. Lass mich wissen, wie's dir geht.

Dein verlorener Soldat und CPA-Beamter,

W

* * *

An: Laura.Kenzie@gmail.com
Von: SoccerStar73@aol.com
Gesendet: 23. August 2003 1:25
Betreff: löschen, wenn gelesen

Laura!

Ich will es nicht beschwören, aber es scheint (wunderbarerweise) funktioniert zu haben. Wir haben die Namen überprüft, die Makins ziehen am Montag ein. Haaya und ich treffen uns in einer Stunde, um zu überlegen, wie wir die Liste Bremer und der GI-Einheit in der Zone präsentieren. Lies die Zeitungen genau. Die Journalisten könnten bald davon berichten.

Will

* * *

An: Laura.Kenzie@gmail.com
Von: SoccerStar73@aol.com
Gesendet: 27. August 2003 14:14
Betreff: der Anschlag

Mir geht es gut. Schalte den Fernseher aus, sonst gerätst du nur in Panik. Die Grüne Zone ist mit Granaten beschossen worden, und das Rashid Hotel könnte unter dem Druck zusammenbrechen. Die erste Autobombe wird mit dem neuen Wohnblock in Verbindung gebracht, und man hat mich zum Verhör bestellt. Wolf ist tot.

Ich drehe durch, Laura. Wenn das auf unseren Mann zurückführt, könnte es schlimm werden. Ich hoffe nur bei Gott, dass dieses Auto einem anderen Arschloch in dem Wohnkomplex gehört. Ich weiß nicht, wie ich sonst mit mir leben soll.

Könnte sein, dass ich länger nicht schreiben kann. Lösch das.

Will

**

An: Laura.Kenzie@gmail.com
Von: SoccerStar73@aol.com
Gesendet: 31. August 2003 14:56
Betreff: der Anschlag

Laura,

Haaya will auf der Stelle verschwinden, aber ich habe ihr gesagt, ich muss dir noch schreiben. Das schulde ich dir. Ich weiß, es ist taktlos, es auf diese Art zu machen, aber es bleibt nicht viel Zeit, deshalb erkläre ich dir kurz alles. Sie bringen den Anschlag mit Abdul Aziz und seinem Bruder in Verbindung, haben seine Wohngenehmigung zurückverfolgt und die Löcher gefunden. Wir haben das mit den Namen erklärt, aber es hat nichts genutzt – er hat den verdammten Präsidenten sofort informiert. Der Anschlag war schlimm. Du hast wahrscheinlich davon gelesen. Drei Geschosse auf das Hotelhochhaus und fünf strategisch platzierte Autobomben in fünfundvierzig Minuten. Die Tumulte in der Stadt fingen erst an, als der Chinook-Hubschrauber abgeschossen wurde und wir die Black Hawk verloren. Dieser Krieg ist beschissen. Irgendwie löst sich dieses Land von innen auf. Eine auf den Hubschrauberlandeplatz gerichtete Bombe verfehlte ihr Ziel um 100 m und fiel auf die Orangenhaine hinter dem Palast. Im Gegensatz zu den Palmen fingen die Bäume Feuer, und unser Obstgarten ist bis auf den Grund abgebrannt. Der Zitrusgeruch durchzieht die ganze Stadt.

Sie schmeißen uns raus. Bremer gibt uns zwei Tage, und morgen geht unser Flug. Sie haben nicht viel erklärt, aber es könnte Verschwörung sein, wenn wir Glück haben nur Fahrlässigkeit. So oder so, uns erwarten mindestens zwanzig Jahre. Wenigstens respektiert man unsere Würde mit den zwei Tagen – und man stellt uns in dieser Zeit keine Aufpasser zur Seite.

Laura, ich muss dir so viel erzählen. Haaya und ich haben uns entschieden. Wir werden verschwinden. Eine Explosion hat ein Loch in die Schutzmauer am Südwestufer gerissen, und sie glaubt, die CPA hat es noch nicht entdeckt. Wenn wir da durch und über den Tigris kommen, können wir es, glaubt sie, nach Syrien und in den Osten schaffen, wo sie Familie hat. Wie dem auch sei, es wird eng, und ich bin lieber in der Wüste als in einer Metallkiste.

Alle in der Zone wissen, dass »der Typ von der Wohnungsabteilung« schuld ist. Auf der Straße bin ich Michael begegnet, und er hat nur den Kopf geschüttelt. Er hat irgendeinen Unsinn von meiner arabischen Freundin gemurmelt und gemeint, ich sei doch angeblich immer gegen den Kriegsruhmkram gewesen. Er hätte nicht gedacht, dass ich es darauf anlege, mich mit 50 Mahdi-Namen zu schmücken. Ich wusste überhaupt nicht, was ich sagen sollte. Mir ist, als würde etwas Widerliches in meinem Bauch verfaulen, und ich krieg es nicht raus. Diese Leute sind meinetwegen tot. WOLF ist meinetwegen tot. Ich denke ständig an unsere letzte Begegnung – er las einen Comic in der Kantine und bot mir den Rest seiner Melone an. Ich habe das Buch, das er mir geliehen hatte, bei den Dattelpalmen begraben; das ist nicht viel, aber wenigstens etwas. Er war noch ein Kind, verdammt. 23 Jahre alt, um Himmels willen.

Haaya wollte die ganze Schuld auf sich nehmen, aber Bremer wollte nichts davon wissen. Er hat recht. Ich stimmte ihm zu. Ich hätte es nicht tun dürfen, aber ich hab's getan. Keine Ahnung, warum mir das so wichtig ist, aber du sollst wissen, unsere Absichten waren immer aufrichtig. Falls uns etwas zustößt, weißt du zumindest das.

Laura, ich weiß nicht, warum du so lange nicht mehr geschrieben hast. Ich erinnere mich nicht mal mehr, wann deine letzte Mail kam. Nach dem 4. Juli? Dem ersten Anschlag? Aber das spielt jetzt wohl keine Rolle. Ich weiß, dass du mir zuhörst, und das ist schon was. Du musst mir verzeihen. Verzeihen, was ich getan habe und noch tun werde. Ich kann nicht erklären, warum mir das so viel bedeutet, aber so ist es. Du warst mein Halt außerhalb dieser Mauern, Laura. Das sollst du immer wissen.

Haaya und ich wollen versuchen, von vorn anzufangen. Sie will, dass ich mehr bete – vielleicht sogar fünfmal am Tag. Sie sagt, das Land im Osten wird kaum patrouilliert und ist spärlich besiedelt. Und in ein paar Jahren haben sie den Idioten von der CPA und seine Übersetzerin wahrscheinlich sowieso vergessen. Haaya trägt jetzt ein Kopftuch, und sie will, dass ich eine Dischdascha anziehe. Wir werden eine Zeitlang bei ihrer Familie wohnen. Es sind Bauern, die dem Wüstenstaub abtrotzen, was immer sie können.

Ich werde die Welt sehen, Laura. Ich entkomme endlich diesem verfluchten Garten.

Pass auf dich auf,

Will

Gepäckausgabe

Kyle trat in die Lagerhalle und schluckte zwei Aspirin ohne Wasser. Sie erinnerte ihn an einen Walmart, nur größer und greller. Seichte Musik waberte über dem Geplauder, das vermutlich nur Preisnachlässe von 20 bis 30 Prozent auslösen können. Es war nicht seine Idee gewesen, in die Zentrale für nicht abgeholtes Gepäck zu gehen oder, wie die Frauen in den identischen roten Polohemden am Eingang gesagt hatten: »Die Welthauptstadt des verlorenen Gepäcks.« Das Gebäude konnte eine solide Fläche von 4654 m² vorweisen und erstreckte sich wie ein riesiger Betonklotz, plump hingepflanzt auf eine Asphaltinsel mitten im ländlichen Scottsboro. Bridget hatte den Besuch auf ihrer Reiseroute geplant, lange bevor sie nach Alabama aufgebrochen waren, und Kyle hatte beschlossen, dass ihm das nicht gefiel, lange vor ihrer Ankunft.

* * *

»Wusstest du«, sagte sie im Auto, »dass dort jedes Jahr über eine Million verlorene Gepäckstücke landen?« Er brummte und sah wieder auf die Karte. »Hier steht, dass ein Mann einen Originaldruck von Salvador Dalí in einem alten Koffer gefunden hat.« Er überlegte, ob sie die Ferien geplant hatte, damit er ihr endlich einen Antrag machte. Überlegte, ob sie etwas von dem Ring ahnte, den er in einem Tuch in der Box in seinem Kulturbeutel im zweitkleinsten Fach seines Rucksacks versteckt hatte. Überlegte, warum ihn das irgendwie nervte und warum eigentlich nach der langen Zeit *sie* ihn irgendwie nervte. Die Art, wie sich der Schaum beim Zähneputzen in ihren Mundwinkeln sammelte, die Art, wie sie ihre Kleider immer quadratisch zusammenlegte, die Art, wie sie ihn beäugte, wenn er seine grünen Bohnen nicht aß. Er verkniff sich die Frage, was denn ein »Originaldruck« sei. Stattdessen lächelte er gequält, drückte ihren Arm und fuhr bei Exit 62 ab.

* * *

Bridget blickte zu den Gangschildern hoch, die von der Lagerhausdecke hingen. »Wahrscheinlich kann man hier unglaubliche Schnäppchen machen.« Sie vollführte eine halbe Umdrehung und blieb vor ihm stehen, so dass ihre Nasen sich fast berührten. »Ich seh mir mal die Schals an.« Sie küsste ihn leicht, und ihm fiel auf, dass sie einen Sonnenbrand auf den Wangen hatte. Kyle nickte, während sie zu einem Gestell eilte.

Trotz der Aspirin setzte sich ein dumpfer Kopfschmerz in ihm fest. Supermärkte hatten die gleiche Wirkung – ein gewisser Druck vom Gips oben und vom Linoleum unten.

Er schlenderte durch den Gang und kam zu einer Auslage mit Digitalkameras. Darüber verkündete ein weißrotes Schild: ALLE VORHANDENEN BILDER WURDEN VON DEN KAMERAS GELÖSCHT, darunter stand auf einem gelben Etikett: ZWEI ZUM PREIS VON EINER! Kyle überlegte, wessen Job es wohl war, die Erinnerungen aus dem Leben anderer Leute zu löschen. Irgendein junger Typ, der den ganzen Tag lang die Bilder eines indischen Paars in einem Skiort durchging oder einer Familie, die in Buenos Aires Urlaub machte, und gelangweilt eins nach dem andern löschte, während er mögliche Strategien erwog, um Scottsboro, Alabama, und seiner Arbeit in der dortigen Hauptattraktion zu entkommen. Dabei fiel ihm ein Horrorfilm ein, den er mit Bridget bei einem ihrer ersten Dates gesehen hatte. Ein Mann erhielt ein Augentransplantat und sah danach alles aus der Sicht des Spenders. Diese Kameras, dachte er, funktionierten wahrscheinlich genauso.

Kyle fühlte sich an eine Arena erinnert, als er sich durch die Stapel alter Lederkoffer, nagelneuer Anzüge und Souvenirs aus Taiwan schlängelte, vorbei an Skistiefeln und Regenstiefeln und einer Glasvitrine mit Armbanduhren. Anschließend begab er sich in einen Gang mit Frauenbadeanzügen. Er stellte sich müde Angestellte vor, die einen endlosen Vorrat an Badesachen kennzeichneten und reinigten. Noch ein Urlaub in den Tropen, sagten sie, und öffneten den Reißverschluss einer Taschenklappe, noch ein Paar Flipflops. Die Vorstellung stieß ihn irgendwie ab. Neunzig Tage reichten doch nicht aus, um die Hoffnung

aufzugeben und die Habseligkeiten anderer Leute zu verkaufen. Er ging an älteren Frauen vorbei und untersuchte
einen Blümchenbikini. Er stellte sich Bridget vor, die verzweifelt an einem leeren Fließband stand, beraubt ihrer
vielen Sachen. Er stellte sich vor, wie er sie tröstete und ihr
versicherte, alles würde sich irgendwann finden. Das Mädchen mit dem verlorenen Blümchenbikini hatte vermutlich getobt, aber Bridget wäre ruhig gewesen, verständnis-
voll, und das hätte ihn rasend gemacht.

»Da bist du ja!« Sie erschien hinter einem Gestell mit
Golfschlägern. »Ich glaube, ich kauf mir das Schulter-
tuch.« Bridget legte sich ein museumsreifes Tuch um die
Schultern und reckte ihr Gesicht in Pose. »Was meinst
du?«

»Schön.«

»Wolltest du nicht eine neue Digitalkamera?« Sie faltete
das Tuch wieder zusammen und strich ihr Haar hinter die
Ohren. »Schau, es gibt zwei für eine.«

»Vielleicht.«

»Also, ich kauf mir das Tuch, bevor ich's mir anders
überlege«, sagte sie, schob ihre braune Handtasche höher
auf die Schulter und ging nach links, »aber ich bin gleich
wieder bei dir.«

»Hey, Bridget.« Er wusste nicht, was ihn dazu bewegte,
sie zu rufen. Sie blieb stehen und drehte sich um, ihr brauner Pferdeschwanz fiel auf die linke Schulter. Kyle öffnete
den Mund und schloss ihn wieder. »Ähm, wusstest du,
dass hier mal jemand einen Originaldruck von Salvador
Dalí gefunden hat?«

»Ja, wusste ich«, sagte sie spitz, verdrehte aber die Augen und grinste, während sie sich wieder der Kasse zuwandte.

Kyle blickte zu den grellen Lichtern hoch und lauschte ihrem Summen, das sich mit der fernen Musik vermischte. Sie weiß es, dachte er. Vermutlich hat sie ihn im Hotel entdeckt. Kyle legte seinen Rucksack auf einen Haufen schwarzer Reisetaschen und folgte ihr. Erst als sie wieder auf dem Parkplatz waren, beschloss er, noch mal reinzugehen und ihn für $ 4.99 zurückzukaufen.

Sei gegrüßt, du Begnadete

Beim Krippenspiel der Unitarian Universalist in Cambridge, Massachusetts, war es nicht schlimm, dass Maria auf ihre schwarzlackierten Fingernägel bestand oder dass Joseph sich als schwul geoutet hatte. Am 25. Dezember um sieben und neun Uhr abends folgten drei Frauen den Weisen aus dem Morgenland, eine davon trug einen Kimono, eine andere ein afrikanisches Gewand; statt Myrrhe brachten sie Suppe, statt Weihrauch spielten sie Wiegenlieder. Die Hirten redeten von Umweltschutz, und der Gastwirt hielt ein Schild mit dem Aufdruck *Zwangsvollstreckung*. Niemand glaubte wirklich an Gott, und niemand war wirklich ungläubig – deshalb ging es vor allem um die Lieder, die Kerzen und die eng auf den Holzbänken zusammengedrängten Menschen.

Meine Tochter Emma war der Jesus-Ersatz. Nachdem ich sie vor fünf Monaten adoptiert hatte, klang das Wort immer noch seltsam.

»Ihre Tochter ist unser Ersatz-Baby?«, hatte der Geistliche gefragt.

»Ja, das ist Emma.« Ich hob sie in meinen Armen etwas

höher. »Eben hat sie mir gesagt, sie hofft, dass der Haupt-Jesus sich den Fuß verstaucht.« Er starrte mich an, aber ich fand es lustig.

* * *

Normalerweise biete ich nicht freiwillig Babys für umstrittene experimentelle Weihnachtsspiele an, aber Jared hatte mich am Vortag siebenmal angerufen. Es gäbe ein Problem. Jesus müsse nach San Antonio, um seine Großmutter im Krankenhaus zu besuchen, und die First Parish sei bekannt dafür, dass sie die jährliche Geburt Christi mit einem echten Baby beging. Ich war über Weihnachten in meiner Heimatstadt, und Jared, mein bester Freund aus der Highschool, leitete die Öffentlichkeitsarbeit der Gemeinde und wollte nicht mit sich reden lassen. Laut Auskunft seines Handys war die Kirche nur zehn Minuten von mir entfernt, und: Ehrlich, Audrey, hast du wirklich eine Ausrede? Hatte ich nicht.

Ich langweilte mich ohnehin. Die Zeitung hatte mich für sechs Monate freigestellt, und ich sehnte mich schon wieder nach Abgabeterminen. Ich war ein paar Wochen vor Weihnachten nach Hause gekommen, um ein bisschen Zeit bei meiner Mutter zu verbringen, die mir das frühere Kommen vorgeschlagen hatte, nachdem ich ihr erzählt hatte, wie seltsam ich mich mit Emma allein in meiner Wohnung fühlte. Der erste Monat war ruhig verlaufen. Manchmal hatte ich Musik aufgelegt, aber ich befürchtete, der Fernseher könnte zu laut sein. Weder Streiten noch Lachen oder Sex mussten schnell untergebracht werden, während sie schlief, und bei meinem monatlichen Termin empfahl Dr. Berenson, ich solle mit dem Baby reden. Das tat ich. Ich monologisierte einfach, während sie trank oder starrte oder auf meiner Brust einschlief.

Sie war erst vier Monate alt, aber ich hatte ihr alles erzählt. Über meine Arbeit und wie sehr mich mein Buch langweilte und den Grund, warum ich sie hatte. Wie leid es mir tat, dass ich sie nicht stillen konnte, dass sie keinen Vater hatte, dass ich dauernd mit ihr redete, wo sie doch wahrscheinlich einfach nur schlafen, essen oder langsam ihre Welt ordnen wollte. Einmal, als sie abends nicht aufhören wollte zu schreien, erzählte ich ihr von Julian. Wie erbärmlich es war, dass ich immer noch so weit zurückdachte. Ich bin zweiundvierzig, flüsterte ich, während sie nach einem Finger griff – du weißt das noch nicht, aber das ist zu alt, um Händchen zu halten.

Ich war mit Julian von sechzehn bis dreiundzwanzig zusammen. Wir lernten uns in der Zehnten an der Highschool kennen und trennten uns erst ein Jahr nach dem College. Weihnachten bedeutete nach Hause gehen, und nach Hause gehen bedeutete, dass Julian und ich in denselben Achtmeilenradius zurückgeworfen und gezwungen waren, die ganze Prozedur erneut zu durchleben. Ich hob seine Jahr um Jahr eintreffenden Karten in einer Schublade in meiner Wohnung auf: Seine drei Kinder wurden älter und winkten von Stränden und Gärten und Ausflügen mit Kürbispflücken.

***

Am Vierundzwanzigsten ließ ich mich abends von Jared zur Probe abholen. Er war beschäftigt, aber ich wusste nicht, wie ich zur Kirche kommen sollte, außerdem wollte ich mit ihm reden. Er musste nicht lange überredet werden.

»Du rettest mir das Leben, Audrey.« Er gab mir einen Schmatzer durchs Telefon. »Ich bin um vier da.«

»Ist Brett auch dabei?«, fragte ich noch schnell, bevor er auflegte.

»Warum? Hast du was gegen ihn?«

»Egal.«

»Ich lass ihn in der Kirche.«

»Du bist ein Schatz, Jerry.« Ich legte auf, bevor er den Schmatzer wiederholen konnte. Es war eine Angewohnheit, die er von Brett übernommen hatte, seit sie zusammengezogen waren, und ich hasste ihn jedes Mal dafür.

Emma schob Cheerios von ihrem Kinderstuhltablett, als sie sein Auto auf der Einfahrt vor unserem Haus knirschen hörte. Sie aß seit fünf Tagen Frühstücksflocken und beherrschte schon die Kunst des Werfens. Sie schaute mich an, sobald die Haferringe erfolgreich von der Kante fielen, und ich stellte mir vor, wie sie Cheerios aus der Krippe schmiss. Das brachte mich zum Lachen und sie ebenfalls, und als sie die Arme in die Luft streckte, nahm ich sie mit nach oben, um noch schnell einen roten Schal zu holen, des Festes wegen. Eine Wendung meiner Mutter, *des Festes wegen*.

* * *

»Muss ich mitkommen?«, fragte ich, als Jared die Tür öffnete.

»Freut mich auch, dich zu sehen.« Er nahm mir Emma aus den Armen und gurrte. »Ich nehm den kleinen Jesus trotzdem, vermutlich möchtest du jetzt also gern ins Auto steigen.« Er marschierte schnurstracks durch die Tür, wie schon immer, seit er zehn war.

»Sag mir, dass niemand aus der Highschool da ist.« Ich hatte vergessen, ihn am Telefon zu fragen, aber ich fand die Aussicht schrecklich, Emma vor meinen alten Freundinnen als fleischgewordenen Jesus vorzuführen. Jared gab keine Antwort. »Kann man noch ins Programm aufnehmen, dass ich mich nicht freiwillig gemeldet habe?«

»Aber du hast dich freiwillig gemeldet!«, grinste er, schnappte sich den Kindersitz und ging zu seinem Volvo. »Ich hab dich gefragt, und du hast ja gesagt!«

Jared war der Einzige, der nie wirklich weggegangen war, aber er verstand, wie schwer das Zurückkommen für mich war. Sieben Jahre sind eine lange Zeit, wenn man mit jemandem geht, egal wie jung man war, und mich erinnerte praktisch alles in unserer Stadt an Julian: unsere Highschool-Jahre, in denen wir zu Abschlussbällen gingen und ins Kino, unsere College-Sommer, in denen wir uns Gras rauchend die Zeit in seinem Auto vertrieben oder mit Jared, Lucas und Sarah kreischend zu 7-Eleven fuhren und reihum in den Doppelbetten der anderen schliefen. Wir waren *das* Paar. Das Paar, das die ledigen Lehrer beim Abschlussball beneideten, das Paar, das für alle zusammengehörte, unantastbar war. Im letzten Jahr verloren wir den Titel als *Süßestes Paar* an Skylar und Jillian, aber nur, weil Jillians beste Freundin das Jahrbuch herausgab und Julians Fußballmannschaft aus Spaß gegen uns stimmte. Im Sommer verreisten wir mit der jeweiligen Familie des anderen, im Herbst aßen wir bei zwei Thanksgivings. Er war nerdig und ernsthaft, attraktiv und sexy. Ich liebte ihn.

Ich versuche, mich objektiv an diese Monate zu erinnern, aber es ist schwer – und um die dreißig verfolgten sie mich allmählich. Seine Grübchen und sein Schlüsselbein und seine Komplimente, dass die Eltern meiner Freundinnen meiner Mutter erzählten, sie wären neidisch. Manchmal dachte ich monatelang nicht an ihn, aber die Was-wäre-gewesen-wenns holten mich immer ein und bedrängten mich, wenn ich einsam war oder müde oder zu Weihnachten nach Hause musste. Er hatte jemand anderen gefunden, ich dagegen nicht. Ich verliebte mich auch nicht mehr. Jedenfalls nicht richtig.

* * *

Jared schaltete das Radio ein. Auf allen Sendern liefen Weihnachtslieder, deshalb fanden wir uns einfach damit ab. »Winter Wonderland« spielte, während wir an salzgestreuten Gehwegen und schneefreien Feldern vorbeifuhren. Der Charles River war halb zugefroren, aber die Bäume am Storrow Drive hielten immer noch ihre zerknitterten Blätter fest.

»Wie geht's dir so?«, fragte Jared, als wir die Eliot Bridge überquerten.

»So lala«, gab ich zu. »Ich freu mich schon wieder auf die Arbeit, hab deswegen aber gleichzeitig Schuldgefühle, falls du weißt, was ich meine.«

»Ach, das ist normal«, sagte er.

»Woher willst du das wissen?«

»War bei jedem meiner Kinder so.« Ich schubste ihn, und er lächelte, dann wurde er ernst. »Aber in New York bist du gut zurechtgekommen?« Ich wusste, dass New York ein Euphemismus für »allein« war, aber da die Frage von Jared kam, machte es mir nichts aus.

»Ja«, sagte ich und verstummte, um Emma eine Hand hinzuhalten, die sie drücken konnte. »Ich tu mich immer noch schwer ... ich hoffe immer noch, dass sie ... mehr mein eigenes Kind wird.«

»Interessant.«

»Nicht wirklich«, sagte ich und fühlte mich mies, das überhaupt ausgesprochen zu haben. Ich zog meinen Rollkragen hoch und schaute zum Fluss hinaus. »Ehrlich gesagt, fällt es mir schwer, weil sie mich sehr an das andere Baby erinnert.«

Jared schwieg und hielt den Blick auf die Straße gerichtet.

»Das ist lange her, Audrey.«

»Ich weiß.«

»Sie ist in Ordnung. Es geht ihr gut.«

»Schon klar. Ich weiß.« Ich wandte den Blick vom Fluss ab und richtete mich auf. »Hör zu, du bist der große böse Leiter der Öffentlichkeitsarbeit in der Gemeinde, wir reden einfach später darüber.«

»Okay«, sagte er und zuckte mit seinen dünnen Schultern. Ich rechnete damit, dass er protestierte und darauf bestand, die Diskussion fortzusetzen und alles zu analysieren, doch stattdessen summte er »Stille Nacht«. »Warte, bis du das Weihnachtsspiel siehst, Audrey, das wird irre. Unsere Maria wird von einem Mädchen gespielt, das wir praktisch aus ihren Gothic-Klamotten herausziehen mussten. Sie ist ein echter Schatz, versteh mich nicht falsch, und sie hat die ganze Woche mit dem anderen Jesus geprobt, wenn wir also Emma einsetzen müssen, geht alles gut.« Er drehte sich um und schnitt dem Baby eine Grimasse, wofür er ein hohes Quieken erntete. Ich merkte, dass er recht hatte, wir sollten das Thema wechseln.

* * *

Im Dezember meines letzten Collegejahres stellte ich fest, dass ich schwanger war. Am Abend zuvor hatte ich Julian erzählt, dass ich irgendwie zugenommen hätte. Er sagte nichts, sah mich nur mit angewiderter Miene an. Als wir dann aber am nächsten Abend essen gingen, rührten wir beide den Brotkorb nicht an. Julian lächelte dem Kellner zu, als er ihn wegbrachte, nahm meine Hand und drückte sie.

Auf der Rückfahrt kauften wir den Test. Es war nicht das erste Mal. Damals war ich dünn und meine Periode blieb oft aus. Und jedes Mal überlegten wir kichernd im Auto, was wir außer dem Test noch kaufen sollten.

»Du traust dich nie, Kondome zu kaufen«, sagte ich oft.

»Du traust dich nie, einen Porno zu kaufen«, zog er mich auf.

An jenem Abend kaufte Julian eine Tüte Skittles, und wir teilten sein Friedensangebot, während wir warteten, bis ich pinkeln musste.

Als der Test positiv war, fuhren wir los und kauften noch drei weitere. Wir machten den Fehler, es unseren Eltern zu sagen, und alle hatten eine Meinung dazu. Die Elks waren katholisch, und damit hatte sich die Sache eigentlich schon. Julian wollte es behalten. Er sagte, es sei nicht wichtig – *ich* sei wichtig. Dass er mich liebe. Dass wir heiraten könnten.

Meine Mutter war anderer Ansicht. Mein Vater war Jude, meine Mutter war nichts, und für beide war Schwangerschaft kein Schicksal.

Ich saß irgendwo dazwischen.

»Du verstehst das nicht«, sagte ich an jenem Abend zu ihr. »Du hättest gern, dass Dad dich so ansieht, wie Julian mich ansieht.« Sie unterbrach das Wäschesortieren und wartete einen Moment.

»Ich weiß«, sagte sie. »Wenn du ihn weniger lieben würdest, würde ich dir raten, es zu bekommen.«

Ich erwiderte, das sei Unsinn. Dass es durchaus Möglichkeiten gäbe. Dass sie nur neidisch und herzlos sei und es mein Körper wäre und er es wolle und ich ihn lieben würde, deshalb müsste ich es behalten. Sie verstand mich nicht. Sie war alt und stur und verstand mich einfach nicht.

Am Sonntag machten Julian und ich einen Spaziergang am Stausee.

»Wir müssen es nicht behalten«, sagte er. »Aber wenn du mich liebst, töte es bitte nicht.«

Also bekam ich es. Für ihn. Und am 19. August 1989 übergaben wir unsere sechs Pfund und vierzehn Gramm einem Paar aus New Hampshire. Sie holten es zwei Tage nach dem Einsetzen der Wehen ab. Die Übergabe fand in einem anderen Raum statt; in den Broschüren stand, es sei besser, die Adoptiveltern nicht zu treffen. Julian wollte es offenhalten, aber ich wollte es anonym. Wir setzten unsere Namen also unter einen Vertrag, der auch nach achtzehn Jahren nicht rückgängig zu machen war. *Nein, ich möchte nicht, dass mein leibliches Kind mich kontaktiert. Nein, ich möchte keine Zwischenberichte.*

***

Die Unitarian Universalist Kirche in Cambridge, Massachusetts, war ein schöner Steinbau und umgeben von Autos mit Aufklebern. Draußen war es kalt, und da ich um Emma besorgt war, presste ich ihr kleines Gesicht an meinen Hals, als wir von Jareds Auto zur Hintertür des Kellers rannten. Es wimmelte von schreienden Kindern in Tierkostümen und bärtigen Hirten, die Engel nach oben scheuchten. Der Keller roch wie ein Dachboden, und die Kostüme waren alt, aber eine starke Energie durchzog den warmen Raum. Neben dem schwarzen Brett hing eine Regenbogenflagge, oben zogen sich gemalte Zitate von

Plato um die Wand. Ein Mädchen mit Kopftuch hing an ihrem Handy, und Joseph schien mit einem Weisen zu flirten. Kaum waren wir eingetreten, fing Emma zu quengeln an, und die gesamte Szene erstarrte gleichsam und sah uns an. Ein grauhaariger Mann in der Mitte lächelte mir zu, und noch ehe ich sein Gewand sah, wusste ich, es war der Geistliche. Er sagte nichts und streckte nur die Handflächen mit gespreizten Fingern leicht zur Seite. Ich nickte zurück und drehte Emma um, damit alle sie sehen konnten.

Der Regisseur des Krippenspiels war ein pummeliger Mann in den Fünfzigern. Er hielt meinen Arm, während er mir den Ablauf erklärte und die Einzelheiten für den folgenden Tag durchging. Ich sollte in der ersten Reihe sitzen und Emma in ein blaues Tuch gewickelt auf dem Schoß halten. Henry, das Baby der Stouffers, war die erste Jesus-Besetzung; sollte er allerdings zu schreien anfangen oder unruhig werden, würde mir der Regisseur ein Zeichen geben, Ms Stouffer würde Henry in den Keller bringen, und ich würde vortreten und Emma Maria überreichen. Prinzipiell fand ich das etwas grotesk. Aber mir wurde versichert – noch immer mit Hand auf dem Arm –, dass zwei Babys wesentlich waren, deshalb lächelte ich ihm nur mit den Augen zu und tat, als hätte ich Kopfschmerzen, um wieder nach unten gehen zu können.

Mein erstes Krippenspiel sah ich in Le Mesnil-le-Roi, knapp außerhalb von Paris, im Jahr nach meinem Studienabschluss. Ein junger Schweizer hatte die Idee, aber da es langweilig war und die Ziegen stanken, verschwanden wir und gingen zu ihm. Ich hatte gedacht, Frankreich würde mich vielleicht verändern, aber als ich in de Gaulle landete, war ich noch dieselbe. Ich arbeitete in einer Schule, und an den Wochenenden versuchte ich auf Boheme zu machen. Wenn ich nach Hause kam, sehnte ich mich danach, mich jemandem anzuvertrauen, aber alle waren dreiundzwanzig und lebten in New York.

Julian und ich trennten uns kurz vor meiner Abreise. Nach der Adoption hatten wir uns bemüht, die Beziehung am Laufen zu halten, aber es war nicht mehr wirklich wie früher. Sie wegzugeben war meine Entscheidung, und ob es mir nun passte oder nicht, Julian verstand, was das hieß. Das Kind warf die Frage auf, ob wir wirklich auf immer füreinander bestimmt waren; er sagte ja, und ich sagte, ich weiß es nicht. Ich wollte etwas von der Welt sehen und neue Leute kennenlernen, und schließlich heißt es immer, man solle wenigstens eine Zeitlang alleine leben. Er versuchte mich zurückzugewinnen, aber nicht sehr lange.

Das Problem war, dass ich mit ihm Schluss gemacht hatte, obwohl ich noch verliebt war. Ich hatte also nie die Zeit, es langsam zu Ende gehen zu lassen. Meine Mutter sagte, ich solle nicht den Ersten heiraten, mit dem ich ging, und meine Freundin Eliza hatte gesagt, ich würde gelangweilt auf sie wirken. Aber ich traf nie einen Besseren. Ich ging mit anderen Männern, aber irgendwie ließ ich sie an mir vorüberziehen und wartete auf jemanden, der mir im Schlaf über den Rücken fahren und mich sonntags mit in die Kirche nehmen würde. Immer redete ich mir ein, ich würde IHN in Paris treffen, nach Paris, im

Master-Studium, bei der Arbeit. Aber die Zeit verstrich, und ich ließ jeden an mir abperlen. Meine Schwester sprach von Zufall, als sich eine Freundin meiner Tante an einem Thanksgiving nach meinem Mann erkundigte.

»Schon seltsam«, sagte sie und reichte die Soße weiter. Ich verspürte den Drang, sie ihr über den Kopf zu schütten.

* * *

Als ich am Abend nach Hause kam, waren alle in der Küche und im Wohnzimmer, um das Essen vorzubereiten. Meine Schwester, ihr Mann Alex, ihre Söhne Michael und Gabriel, mein Bruder Henry, seine Frau Zoe und ihre drei Kinder Annabel, David und Toby. Meine Mutter war völlig aus dem Häuschen, die ganze Familie wieder um sich zu haben; sie wieselte herum und verteilte Aufgaben und Sachen zum Schnippeln. Als ich die Tür öffnete, rannten alle zu mir und wollten Emma halten. Meine Mutter stand hinter der Anrichte in der Mitte der Küche und lächelte nur. Die Adoption war längst nicht so ein Ereignis wie die Geburt meiner Nichten und Neffen, und ich hatte ausdrücklich darum gebeten, auf eine Babyparty oder eine öffentliche Bekanntmachung zu verzichten. Meine Schwester war im Oktober heraufgefahren, aber Henry und die Kinder sahen Emma zum ersten Mal.

»Das ist deine neue Cousine«, sagte er zu Annabel, die dreizehn war und sofort die Arme ausstreckte.

»Oh mein Gott«, gurrte sie. »Sie ist hinreißend. Ich liebe sie!«

»Annabel hat eben im Auto gesagt, wie sehr sie sich auf Emma freut«, erklärte Zoe. »Da sie keine Schwester hat, möchte sie Emma später mal ihre alten Puppen schenken.«

»Wow«, sagte ich mit großen Augen. »Annabel, das ist wirklich lieb von dir. Richtig erwachsen.«

Ich versuchte mir Emma mit dreizehn vorzustellen, sah aber nur eine andere Version von Annabel. Als ich jünger war, hatte ich mir hundertmal unfreiwillig genau diese Szene vorgestellt: Julians und mein Kind, das seine neue Familie irgendwo in einer Küche trifft. Vermutlich war sie in diesem Augenblick in einer ähnlichen Küche – und verzehrte das Weihnachtsessen, falls ihre Familie das Fest überhaupt beging.

Trotzdem war es schön, ausnahmsweise Aufmerksamkeit zu bekommen und sie nicht geben zu müssen. Irgendwie tröstete mich die Aussicht, ab jetzt mit Emma bei jedem Familienfest zu sein, und die Vorstellung, dass ihre älteren Cousins mit ihr spielten und sie neckten, machte mich überglücklich. Ich versuchte meine (selten ausgesprochenen) Bedenken, dass die ganze Sache ein großer Fehler war, zu vergessen, und weitgehend gelang mir das auch. Sie im Kreis meiner Familie zu sehen gab allem einen kleinen Rahmen, und ich schaukelte sie stolz auf meinen Knien, während die Erwachsenen gegen Ende des Abends koffeinfreien Kaffee tranken.

Der erste Weihnachtstag verlief wie immer – nur war ich früh mit meinem Bruder und meiner Schwester aufgestanden, um einen kleinen Strumpf für Emma vorzubereiten, den ich später auspackte, während Henry sie im Arm hielt, damit sie zusehen konnte. Zoe hatte vorgehabt, French Toast aus französischem Baguette mit einer frischen Erdbeersauce zu machen, aber sie hatte nicht genug Eier besorgt. Ich bot an, schnell zu Whole Foods zu fahren, dem einzigen Laden in der Nähe, der offen hatte. Ich wollte Emma mitnehmen, aber meine Mutter bestand darauf, sie bei ihr zu lassen.

»Ist schon gut«, sagte sie. »Ich hatte selber ein paar davon.« Ich schaute Emma an, die einen Stoffschneemann festhielt, mich anblinzelte und gähnte. Ich überlegte kurz, wie gut sie mich wohl erkannte, verwarf den Gedanken aber als lächerlich. Emma weinte nicht allzu oft, weil sie unbedingt zurück in meine Arme wollte, und das verunsicherte mich manchmal.

* * *

Ich traf ihn im Supermarkt. Natürlich. Das letzte Mal war es am Heiligabend vor drei Jahren im Spirituosenladen passiert. Ich sah ihn, bevor er mich entdeckte, er hielt einen Einkaufszettel und schlenderte am Gewürzregal entlang. Er sah gut aus, wie früher, etwas rundlicher als vor ein paar Jahren, aber er hatte immer noch volle braune Locken. Ich reagierte immer körperlich auf seine Nähe und merkte, wie meine Hände anfingen zu zittern. Im selben Moment fiel mir ein, dass ich einfach umdrehen, durch einen anderen Gang gehen und die Begegnung vermeiden könnte. Aber das kam nicht in Frage.

»Jules«, sagte ich. Der Spitzname entfuhr mir unwillkürlich. Er drehte sich um, schaute mich an, wir machten beide große Augen und grinsten dann.

»Natürlich«, sagte er.

»Ich weiß.«

»Klar – natürlich«, sagte er

»Ich weiß.«

Wir umarmten uns, und es war nur leicht peinlich. Wir schrieben uns gelegentlich eine E-Mail, aber ich hatte ihm noch nichts von Emma erzählt.

»Wie geht es dir?«

»Gut, gut. Und dir?«

»Gut.«

»Dann hätten wir die Einzelheiten ja schon geklärt«, sagte er lächelnd.

»Ich, äh ... Ich hab deine Weihnachtskarte gelesen. Dein Ältester wird langsam ... groß.« Plötzlich senkte ich den Blick. Ich wünschte mir, dass unsere Unterhaltung glatt verlief.

»Ja«, sagte Julian. »Er ist fast fünfzehn.« Er musterte mich. Wir standen noch ein paar Sekunden lang da und betrachteten uns.

»Was macht, äh ...« Er wusste nicht so recht, was er fragen sollte. »... die Zeitung? Bist du immer noch ...?«

Ich unterbrach ihn. »Ich hab mir eine Zeitlang freigenommen.«

»Um an deinem Buch zu arbeiten?«

»Nein, genau genommen, um mich um meine Tochter zu kümmern.« Ich benutzte das Wort selten, und es war merkwürdig, es laut auszusprechen. Er sah mich mit offenem Mund an.

»Oh! Meine Güte. Wow, Audrey, herzlichen Glückwunsch!«

»Danke.«

»Wer ist der, ähm, hast du …« Seine Augen huschten zu meiner linken Hand und wieder zurück.

»Adoption«, sagte ich, nickte mit geschlossenem Mund und versuchte dann, mit den Händen an den Seiten wedelnd, zu lächeln. »Ironisch, oder?« Aber er lachte nicht, und ich merkte, dass er immer noch genauso darunter litt wie ich. Wir standen wieder schweigend da, wippten auf und ab.

»Was suchst du denn?« Der Themenwechsel war erbärmlich.

»Koriander«, sagte er. »Offenbar ist er unverzichtbar, darum hab ich angeboten, schnell loszufahren. Und du?«

»Eier.«

»Ah.« Wieder Schweigen. Dann lächelte er. »Heißt sie Emma?«

Ich nickte.

»Und du hast nie deine Chloe bekommen«, sagte ich.

»Nein«, lachte er. »Alexis mochte den Namen nicht.« Der Gedanke an seine Frau war mir unangenehm, und ich verspürte plötzlich den Impuls, zu sagen, dass ich losmüsse.

»Hör zu.« Ich trat einen Schritt vor. »Ich muss schnell nach Hause, aber wenn du sie sehen möchtest, komm doch heute Abend zum Gottesdienst der First Parish, wenn du aus St. Andrew's kommst. Neun Uhr. Jared hat mich überredet, dass sie Jesus spielt. Das heißt, den Ersatz für Jesus.«

»Das ist nicht dein Ernst«, sagte er. »Jared fehlt mir. Er ist zum Schießen.«

»Er fehlt allen.«

»Gut, ich komme.« Er schob seine Tasche auf die Schulter. »Neun Uhr, First Parish?«

»Neun Uhr, First Parish.«

* * *

Ich überzeugte meine Familie schließlich, dass sie nicht zu meiner »Unterstützung« mitkommen müsse, und fuhr mit Emma allein zur Kirche. Dort stand ich mit ihr im Keller und hielt sie umgeben von einem Meer wimmelnder Kinder, Eltern, Kostüme und Pappkulissen. Jared kam kurz nach mir und führte mich kurz vor Beginn des Krippenspiels zu meinem Platz in der ersten Bank.

»Hi«, sagte er und küsste mich auf die Wange.

»Hi«, sagte ich. »Frohe Weihnachten.«

»Frohe Weihnachten.« Ich wartete kurz, platzte dann aber damit heraus.

»Ich hab Julian heute im Supermarkt getroffen.«

»Natürlich.«

»Ich weiß.«

»War es …?«

Ich fiel ihm ins Wort. »Es war nett.«

»Hast du …?«

»Ja.« Ich wartete kurz. »Er wusste, dass sie Emma heißt.« Ich verschwieg ihm, dass ich Julian eingeladen hatte, suchte zwanghaft die Menge ab, die sich hinter mir wie eine Welle aufbaute. Ich war eine Geheimagentin und schmuggelte einen kleinen Jesus, den niemand sonst sehen konnte. Ich stellte mir Shakespeares *Sturm* vor, die Mythologien und die vielen heimlichen Zwillingspaare, die ich im Studium so lange untersucht hatte. Doch dann wurden die Kerzen angezündet, und ich beendete mein Grübeln und Suchen und versuchte, an die Gegenwart zu denken.

Es war mitleiderregend und erbärmlich, aber ich wollte, dass er kommt. Ich wollte ihn unbedingt dahaben, er sollte mich und Emma sehen und begreifen, dass es hart war, aber dass ich es wollte. Dass es hart war und es mir trotzdem *gut* ging. Aber die Bänke waren fast besetzt, und ich entdeckte ihn nicht.

Die Lichter wurden gedimmt, ich hielt Emma fest im Arm. Ich drehte mich um und sah einen alten Mann, der in sein Notizbuch schrieb. Hinter ihm zerrte ein Kind am Hemd seiner Mutter. Zu ihrer Linken, im Schatten der Galerie, saß aneinandergeschmiegt ein junges Pärchen und teilte sich ein Programm. Der Junge war schlaksig und sommersprossig, das Mädchen zierlich. Sie zeichnete kleine Kreise in seine Handfläche und spielte auf ihrem Schoß mit seiner Hand. Das Mädchen flüsterte ihm etwas ins Ohr, worauf er den Kopf schüttelte. Sie bot ihm einen Kaugummi an, den er ablehnte. Ich schaute weg, als die Hintergrundbeleuchtung erlosch, konnte aber gerade noch sehen, wie der Junge ihr seine Hand entzog. Mir fiel eine Party in der Stadt ein, an die ich seit Jahren nicht mehr gedacht hatte, auf der ich Julian gebeten hatte, nicht meine Hand zu halten, weil das kindisch sei. Ich weiß noch, dass ich an jenem Abend beide Hände für mich haben wollte – um zu gestikulieren, zu umarmen, meine Haare zurückzustreichen. An dieses Gefühl musste ich mich erinnern, dachte ich. Nicht an die Abende im Auto.

* * *

Ein kleiner Junge ging mit einem riesigen Nordstern den Gang entlang, und der Chor setzte mit einer Version von »The First Noel« ein. Ich nahm den Pastor und die Wärme der anderen in mich auf. Die drei Weisen kamen, die Hirten und die Schafe. Ich drehte mich wieder um, sah Julian aber immer noch nicht. Von den Kerzenhaltern tropfte Wachs auf die Lämmer, und die Lieder des Chors ließen die Engel fliegen. Noch mehr Engel kamen, dann die Könige und Königinnen. Ich drehte mich erneut um, aber die Tür blieb geschlossen. Offenbar kam er nicht.

Irgendwo tief in der Krippe weinte ein Baby. Es brüllte und kreischte zum Decrescendo von »Stille Nacht«. Irgendwo gab irgendjemand ein Zeichen; irgendwo gestikulierte Jared wie wild. Die drei Weisen zuckten die Schultern, und Maria fing zu weinen an. Aber ich merkte nichts. Emma hielt mit ihrer winzigen Hand meinen Finger fest. Ich presste sie an mich, bis das Lied zu Ende war. Bis der Staub langsam wie Schnee fiel und ich ihren leichten

Atem an meinem Hals spürte. Meine Tochter, dachte ich, war nicht zweiundzwanzig und über Weihnachten bei einer mir unbekannten Familie. Meine Tochter atmete an meiner Brust, während die Bänke sich hoben und senkten.

Ich hörte ein Knarren hinter mir, drehte mich schnell um und sah Julian, der keuchend die schwere Tür hinter sich schloss. Jareds Hände waren bei Emma. Ich spürte, wie er zog und wie ich losließ.

Sklerotherapie

Fünf Monate nachdem Karen sich das Tattoo hatte stechen lassen, fand sie heraus, dass der chinesische Schriftzug auf ihrem rechten Knöchel eigentlich *Sojabohne* bedeutete. *Innere Entschlossenheit und äußere Ruhe, eine allgemeine Klarheit und Gelassenheit* lautete die Übersetzung unter dem dünnen schwarzen Schriftzug, den sie vom Schaubild an der Wand ausgewählt hatte. *Sojabohne* war die Übersetzung, die ihr der asiatische Mitbewohner ihres Bruders verlegen gab, nachdem sie es ihm in dem verqualmten Wohnheimzimmer im vierten Stock gezeigt hatte. Er fragte, ob der Künstler Chinese gewesen sei, und sie schüttelte den Kopf. Sie fragte, ob er high sei, und er schüttelte seinen. Karen zog das Bein ihrer Jeans wieder runter und kaute an einem Fingernagel. Der Mitbewohner druckste herum. *Na ja, wahrscheinlich hat er nur die Speisekarte von einem Take-out abgeschrieben.* Der Geschmack von Räucherstäbchen klebte an Karen, als sie die vier Treppen nach unten ging.

* * *

»Heute sind es fünf Venen, richtig?« Die Schwester schnippte mit ihrem Bleistift, während sie die dünnen Seiten auf einem Klemmbrett durchblätterte. Karen antwortete nicht, sondern verlagerte ihr Gewicht auf dem Stuhl. Die untersetzte Frau schob die Lippen vor und rückte den Bund ihrer gemusterten OP-Hose zurecht. »Fünf Venen, ja?« Sie wiederholte die Frage langsam, mit Betonung auf dem Wort *fünf*.

»Das hat man mir jedenfalls gesagt.« Sie war eine Frau von zweiundsechzig Jahren, und sie saß nicht zum ersten Mal in dem mit Kunststoff bezogenen Liegesessel. Und nicht zum ersten Mal wurde ihr vorsichtig das zähe Verödungsmittel in die Waden gespritzt. Sie hasste die Prozedur. Nicht nur den Schmerz, wenn ihre Beine dicker und dann dünner wurden, sondern auch die zwei Stunden, in denen sie nur ihre Knöchel sah. Gewöhnlich waren Strümpfe die Lösung, die sie über die eingeritzte Jugendsünde oberhalb ihres Knöchels nach unten krempelte. Aber in der Sklerotherapie-Klinik gab es keine gerippten Strümpfe, die ihre Schienbeine bedeckten, und kein Lächeln, das ihre heftige Verlegenheit kaschierte. In der Sklerotherapie-Klinik, dachte sie, gab es nur dicke Schwestern und Krampfadern.

Das Blut in Karens Venen fing an abzufließen. Ihr Körper lag unbeweglich und in einem brutalen Winkel angeschnallt auf der Liege, ihre Füße ragten hoch über ihren Kopf. Der brennende Schmerz der eingespritzten Lösung kitzelte immer noch auf der Haut und ließ ihr die dünnen Haare an den unrasierten Beinen zu Berge stehen.

»Na dann, Karen, versuchen Sie sich zu entspannen.«
Die Schwester öffnete eine kleine Schublade und holte ein
Paar Kompressionsstrümpfe heraus. »Inzwischen kennen
Sie ja den Ablauf.« Aus einer Lubriderm-Flasche drückte
sie einen Klumpen dicke weiße Lotion in ihre Hand. »Aber
vergessen Sie nicht, Sie dürfen die Dinger zwei Wochen
lang nur ausziehen, wenn Sie sich hinlegen.« Sie rieb die
Hände aneinander, die im Licht des Büros einen öligen
Glanz annahmen. »Ihre Venen müssen verkleben, verste-
hen Sie, damit sich das Blut einen anderen Weg sucht.«
Karen nickte und blinzelte langsam.

* * *

Was bedeutet das?, hatte eine Arbeitskollegin sie im Frühjahr vor ungefähr zwanzig Jahren gefragt, als das ge-
wohnte Pflaster über dem Knöchel vom Schweiß abgegan-
gen war. Karen zupfte an ihrem Ohrläppchen. *Es bedeutet
innere Entschlossenheit und äußere Ruhe, eine allgemeine
Klarheit und Gelassenheit.* Die Frau nickte, lächelte höflich
und wandte sich wieder ihrem Schreibtisch zu. Ich war
neunzehn, sagte Karen, fast sarkastisch. Sie wollte noch
etwas hinzufügen, merkte aber, dass ihr nichts einfiel.
Die Frage ärgerte sie jedes Mal. Sorgte dafür, dass sie sich
bei jeder falschen Erklärung noch mehr hasste. Aber sie
machte es immer wieder, als könnte sie damit wiedergut-
machen, dass in ihre Haut für immer *Sojabohne* geätzt
war. Karen schwang ihren Stuhl nach links und starrte in
ihren Computerbildschirm. Der Fall, den sie bearbeitete,

starrte zurück, und seine Bedeutung verhöhnte sie plötzlich.

* * *

»Oh.« Die Schwester verstummte. »Ich wusste gar nicht,
dass Sie ein Tattoo haben, Miss.« Sie grinste leicht. »Was
bedeutet das?« Karen hatte damit gerechnet. Im Grunde
war sie sogar überrascht, dass es so lange gedauert hatte.

»Es bedeutet innere Entschlossenheit und äußere Ruhe,
allgemeine Ausgeglichenheit und Gelassenheit.« Sie log,
dachte sie, aus demselben Grund, aus dem sie ihre Krampfadern entfernen ließ. Die Schwester atmete aus und strich
ihr Haar hinter die Ohren.

»Das ist schön. Sehr friedvoll.« Sie fing an, Karens Beine
von den Gurten zu befreien. »Haben Sie das in China machen lassen?«

»Nein. In Brooklyn. Ich war neunzehn.« Die Schwester
hob vorsichtig ihre Wade an und zog ihr langsam den beigen Kompressionsstrumpf über die Haut.

* * *

Die Edamame lachten sie aus. Sie versuchte sich zu freuen,
aber solche Sachen passierten ihr offenbar immer in chine-
sischen Restaurants. Wenn es nicht die Wahl ihrer Tochter
gewesen wäre, wenn ihre Tochter nicht gerade vom College zurückgekommen wäre und wenn sie ihr nicht diesen diesmal-wirklich-ernsthaften Freund hätte vorstellen

wollen, dann hätte sie Einspruch erhoben. Doch alles drei traf zu, deshalb hielt sie den Mund.

Also, Brian – Karen blickte zu ihm auf –, *wie ich höre, möchten Sie BWL studieren.* Brian antwortete, aber die Antwort wehte irgendwie durch sie hindurch. Sie stellte sich vor, wie die schwarzen Linien auf ihrem Knöchel vor Schadenfreude dick wurden, während sie ihren Körper langsam mit Sojabohnen fütterte. Karen fragte sich, ob sie wirklich so erbärmlich war, wie dieser Gedanke nahelegte. Ob sie so mit sich selbst beschäftigt war, dass sie sich nicht einmal normal unterhalten konnte. Sie sah Brian wieder an und nickte. *Verstehe.* Seine Hand lag auf der ihrer Tochter neben den Essstäbchen.

Es war Monate, vielleicht sogar Jahre her, seit sie daran gedacht hatte. Solche Gedanken fanden keinen Platz in ihren gewohnten Betrachtungen. Tagsüber mit Strümpfen, nachts ohne; Kleider und Röcke erforderten Pflaster: ein fast unbewusstes Ritual in ihrem Tagesablauf. Karen blickte zu dem Paar, das sich anblickte. Sie fragte sich, ob Brian in die Kategorie unbesonnener Entscheidungen gehörte. Ob ihre Tochter wie sie darauf verzichtete, ein Wörterbuch zu konsultieren, und Brian das Ergebnis war.

* * *

»So, alles fertig.« Die Kompressionsstrümpfe saßen jetzt stramm um ihre Schenkel, und die Kunststofffliege neigte sich summend und langsam wieder aufwärts. Der Raum wirkte etwas dunkler als zuvor, und das wenige Licht, das durch die Ränder der Jalousien fiel, ließ darauf schließen, dass es vermutlich Spätnachmittag war. Die Schwester ging in die Ecke und spülte sich die Hände ab.

Karen begutachtete ihre Beine. Die varikösen Venen leuchteten nicht mehr wie Nebenflüsse, die zu ihren Knöcheln führten, aber sie war nicht zufrieden. Die dünnen dunklen Konturen zeichneten sich noch immer leicht unter dem feinen Nylon der Strümpfe ab. Bilder von den mit Räucherstäbchenduft geschwängerten Wohnheimzimmer ihres Bruders, der Arbeitskollegin in ihrer Firma und dem Abend, als sie ihrem Schwiegersohn zum ersten Mal begegnete, kamen ihr in den Sinn. Behutsam setzte sie die Füße auf den Boden und hievte ihr Gewicht von der Liege. Manche Dinge, dachte Karen, ließen sich auch in der Sklerotherapie-Klinik nicht glätten.

»Seien Sie jetzt vorsichtig, Ma'am.« Die Schwester trocknete sich die Hände an einem Papiertuch ab.

»Mein Tattoo«, sagte Karen und blieb stehen, ehe sie die Tür hinter sich schloss, »bedeutet eigentlich Sojabohne.«

Challengertief

Als die Quallen kamen, weckten wir alle auf. Wie Schnee-
flocken schwebten sie auf das Boot herab, und sogar Lev
kam in den Turm und presste sein Gesicht ans Periskop.
Das Glimmen war nur schwach, aber wir konnten unsere
Arme und Umrisse deutlich erkennen. Nach einer Minute traten wir vom Sehrohr zurück und sahen uns an.
Niemand sagte etwas, nicht einmal der Captain, und ich
hörte Ellens schweren Atem an der Linse. Meine Augen schmerzten vom Sehen, aber nach der wochenlangen
Dunkelheit weckte dieses bläuliche Licht eine seltsame
Hoffnung und zog uns an wie Motten. Zu fünft saßen wir
vermutlich eine Stunde lang auf den Stahlplanken, bis
die fluoreszierenden Flecken davonschwebten und das
Unterseeboot wieder von absoluter Dunkelheit umgeben
war. Irgendwann hörte ich den Captain aufstehen, allerdings dauerte es noch eine Weile, bis er sich räusperte und
langsam tastend zurück zum Steuerstand ging.

Wir sahen absolut nichts. Nicht einmal unsere Finger,
wenn wir sie vor unseren Gesichtern bewegten, oder die
Stahlwände, an denen wir auf dem Weg durch die Kam-

mern mit den Händen entlangfuhren. Wir waren elftausend Meter unter Wasser, als die Ballasttanks geborsten waren und das Manometer die Elektrik kurzgeschlossen hatte. Die Stromversorgung funktionierte, doch die Beleuchtung konnte von innen nicht repariert werden. Ich war ruhiger als die anderen. Lev lief unruhig auf und ab oder brüllte auf Russisch herum, aber er war jung und lauter als der Rest von uns. Mir war es lieber, wenn alle schwiegen oder zumindest nicht von oben redeten. Es ist sinnlos, sagte ich einmal, als wir unsere Trockennahrung aßen, es ist vollkommen sinnlos.

Ich wartete den Rest der C-Schicht am Periskop, weil es ohnehin meine Schlafpause war und ich sehen wollte, ob die Strömung sich änderte und die Quallen zurückkommen würden. Ich saß ziemlich lange da, aber sie ließen sich nicht mehr blicken, und so zog ich den abgerissenen Hemdstreifen aus der Tasche und band ihn mir wieder über die Augen. Es ist einfacher, wenn man so tut, als hätte man die Augen verbunden. Das hatte ich mal auf einer Höhlentour in Arizona gehört, aber Ellen war die Einzige aus der Crew, die meinem Beispiel folgte. Es war ein kleines Boot, eine Alvin II, aber ich konnte mir aussuchen, an wem ich vorbeikommen wollte. Lev und der Captain unterhielten sich beim Entsalzungstank, der wegen seines tiefen Brummens leicht zu finden war.

»Wir würden es merken, wenn wir aufsteigen.« Der Captain saß offenbar.

»Vielleicht auch nicht, Sir. Vielleicht sind die Tiefenströmungen im Graben anders.«

»Wir würden es merken«, wiederholte er. »Wir würden es spüren.«

»Und wie erklären Sie sich dann die gottverdammte Fluoreszenz? Sie wissen sehr wohl, dass Cnidaria kurz über dem Gefrierpunkt nicht überleben können!« Er ging wieder auf und ab.

»Die Geysire sind heiß –«

»Die Geysire sind heiß. *Poshol na khui, suka!*« Er trat gegen das Metall, und ich holte tief Luft.

»Ellen?« Der Captain hatte mich gehört. Ich lauschte meistens eher aus Versehen, weil ich nie wusste, was ich sagen sollte.

»Nein, Sir. Ich bin's, Patrick«, sagte ich. »Ich komme gerade aus dem Turm. Wollte nur sichergehen, dass wir sie nicht verpassen, wenn sie noch mal zurückkommen.«

»Sie kommen nicht mehr zurück.« Es war Levs Stimme, und ich hörte, wie er sich an die Wand lehnte. Ich wartete vergeblich auf eine Antwort des Captains.

»Ich wollte nur sichergehen.« Stille trat ein, und ein Stück weiter im Gang hörte ich Hyun an der Schalttafel Knöpfe drücken. Er kam aus Korea und sprach kaum Englisch, aber er war der beste Techniker im Woods-Hole-Laboratorium. Wir horchten eine Weile auf sein Klicken, bis wir wieder in uns versanken. Der Captain ging zum Ventilator und hielt Gesicht und Haare in den Windstrom. Ich wusste, alle hingen ihren Gedanken nach und stellten sich wieder vor, wie wir wohl aus der Ferne aussahen.

»Es war schön«, sagte Lev schließlich von seinem Platz an der Wand. »Ich hatte ganz vergessen, wie das ist.«

»Ich weiß«, sagte der Captain. »Meine Hände.«

Ich dachte an die winzigen Lichtpunkte, die wie Sterne ausgeschwärmt waren. Durch die Periskoplinse hatten sie wie das Weltall ausgesehen. Zum ersten Mal seit langem fiel mir meine Schwester wieder ein und das Haus, in dem wir als Kinder gelebt hatten. Lev richtete sich auf und ging hinaus zu seiner Koje. Zur B-Schicht kam er nicht wieder, aber es gab ohnehin keinen Grund, die Einteilung aufrechtzuerhalten.

* * *

Wir hatten jedes Zeitgefühl verloren, und die permanente Dunkelheit führte dazu, dass man sich nur schwer daran erinnern konnte, was real war und was nicht. Ich sah Tische, die es nicht gab, ich griff nach Handläufen, die nie existiert hatten. Nach einer Weile träumte ich auch nicht mehr in Bildern, sondern wälzte mich in meinem Bett herum, während mein Gehirn Klänge und Sinneseindrücke hervorholte, die alle kalt, stählern oder unter Wasser waren. Wir redeten immer seltener über Bäume und immer häufiger über nichts, spielten endlose Spiele, bei denen wir die Namen von Elementen oder Fischarten aufzählten, bis jemand auf etwas einschlug, zu weinen anfing oder einfach nicht mehr reagierte.

Als wir einmal alle zusammensaßen, fragte Lev sich laut, ob China ein Tiefsee-Unterseeboot besitzen könnte, von dem niemand etwas wusste. Es war albern, aber in den folgenden drei Tagen spekulierten wir, ob und wann die Internationale Gemeinschaft wohl in der Lage wäre, es zu beschaffen und zu uns zu schicken, um uns herauszuholen. Ellen klammerte sich am stärksten an diese Möglichkeit, denn sie war in einen Mann verliebt, Daniel, der in London lebte. Sie hatte mir das beim Reinigen der Doppelhüllenlüfter erzählt, als die anderen drei schliefen. Ich weiß nicht genau, warum sie es ausgerechnet mir gestand – wahrscheinlich, weil ich ziemlich verschwiegen bin. Sie war mager für eine Dreißigjährige und trug eine Augenbinde wie ich. Mir fiel ein, dass dies ihre erste richtige Tauchfahrt war, das hatte sie mal erwähnt.

»Er ist Lehrer«, sagte sie leise. »Wir haben uns online auf so einer Website getroffen.« Ich hatte schon gehört, dass so etwas vorkam, konnte mir aber nicht vorstellen, wie es funktionierte. Ich nahm die Lösung, träufelte sie auf ein Stück Stoff und zog den Lappen durch die Löcher. Als sie sich aufsetzte, fiel ihr Zopf dumpf auf ihren Rücken. »Wir haben noch keine konkreten Pläne, aber ich glaube, dass wir irgendwann heiraten.« Ellen war die Einzige, die immer noch in der Gegenwart von zu Hause sprach.

»Was unterrichtet er?« Ich wusste nicht, was ich fragen sollte.

»Sozialkunde.« Sie schwieg kurz. »Ich habe meinen Doktor in Meeresbiologie in Cambridge gemacht, und so sind wir zusammengekommen.« Ich versuchte, den Staub von den Lüftungsschlitzen zu entfernen, konnte aber nicht sehen, ob es mir gelang. Ellen half immer mit, das mochte ich an ihr. Sie war nicht besonders hübsch, wenn ich mich recht erinnerte, aber sie hatte sehr lange Haare, und ihre

Augen waren irgendwie grün. »Ich will nicht –« Sie ließ den Satz in der Luft hängen.

Wir arbeiteten noch eine Weile weiter, bis wir fast fertig waren, und dann fragte ich sie, ob sie jetzt essen wolle oder später. Sie entschied sich für jetzt. Wir gingen vorsichtig zum Trockenschrank, der unsere Rationen enthielt, und gaben etwas Wasser auf die pulverige Proteinmischung. Die Sicherheitsbestimmungen sahen Mahlzeiten für sechs Monate auf allen H-zertifizierten Seeschiffen vor, und Alvin II war mittlerweile acht Wochen auf einer Forschungsfahrt, die eigentlich nur zwei Wochen hatte dauern sollen. Wir saßen an der schmalen Anrichte und aßen, bis Ellen ganz ruhig wurde und anfing zu zittern. Zum ersten Mal in meinem Leben war ich froh, dass ich allein war. Ich hätte nicht gewollt, dass oben jemand um mich zittert.

* * *

Nach einiger Zeit fingen alle zu flüstern an. Die Dunkelheit und das Imkreislaufen wurden langsam unerträglich, jeder zerbrach daran auf seine Weise. Lev plädierte immer häufiger für »Alternativen«, statt auf das Ende zu warten. Wir hatten nicht genug Nahrung. Kein U-Boot konnte so tief tauchen. Die Frage lautete, jetzt oder in sechs Monaten. Doch es waren fünf Leute notwendig, um das Boot zu bedienen, deshalb musste die Entscheidung für ein bestimmtes Vorgehen einhellig fallen. Ich war zuerst dagegen, aber der Gedanke setzte sich fest wie ein Samenkorn.

Ich spürte es, wenn ich in meiner Koje lag und zu schlafen versuchte, wenn die dunklen Träume kamen, wenn
ich halbwach meine Proteine aß und auf denselben fünf
Routen durch dieselben fünf Räume lief, bis ich endlich
schlief und dieselben dunklen Träume wiederkamen.

Ellen wollte nicht. Die anderen musste man gar nicht
erst fragen, bei ihnen war es offensichtlich. Hyun und der
Captain waren zu vernünftig, um dagegen zu sein, und
Lev verlor ohnehin langsam den Verstand. Seit kurzem
stöhnte er und schlug in seiner Koje mit dem Kopf gegen
die Tür. Der Captain gab zu, dass er in seinen Träumen
immer noch sehen konnte. Er beeilte sich mit den War-
tungsarbeiten, damit er die Augen öffnen und schließen
konnte. Wenn die Beleuchtung nicht ausgefallen wäre, als
der Wasserdruck die Ballasttanks zerdrückt hatte, wäre
vermutlich alles anders gewesen: Dann hätten wir vermutlich warten können, bis das Proteinpulver ausging.

»Heda!«, brüllte Lev aus der Steuerzentrale. »Heda, jetzt,
jetzt!« Er schrie und wütete, also rannten wir alle in die
Zentrale. Der Captain setzte Lev in eine Ecke, bis er mit
dem Getobe aufhörte. Hyun wirkte verängstigt, Ellen hielt
sich hinter uns im Abseits.

»Ich kann das nicht«, sagte Lev. Wir sahen ihn nicht,
hörten aber das heftige Beben in seiner Stimme. »Tut mir
leid, aber ich halte das nicht aus. Ich sehe Dinge im Kopf.
Gesichter und das viele Wasser, es ist … *My zdes' umryom.*
Vy vse ponimaete, chto my budem zhdat' i zhdat', i potom
mu vse umryom. Da sind Stimmen und … die Dunkelheit
und –« Er brach in Schluchzen aus, und der Captain ging

zu ihm und legte ihm offenbar die Hände auf die Schultern, denn Lev beruhigte sich allmählich. Hyun sagte nie viel, meldete sich jetzt aber leise von Levs anderer Seite.

»Ja«, sagte er. »Ja. Nicht mehr weiter.« Ich schwieg, genau wie der Captain, aber uns allen war klar, dass wir es nicht über uns brachten. Wir mussten warten. Wir hörten Ellen Luft holen, als ob sie etwas sagen wollte, aber ihre Lippen schlossen sich wieder, sie scharrte nur mit den Füßen. Dann trat Stille ein, und ich wollte gerade etwas über die Zeit oder die Temperaturanzeiger sagen, da ergriff Ellen schließlich das Wort.

»Ich …« Sie verstummte. »Ich … Es gibt keinen Grund, nicht noch länger zu warten. Vielleicht … es ist nicht unmöglich.«

»Es *ist* unmöglich«, sagte Lev, leise und deutlich. Sie war gekränkt. »Es ist unmöglich«, wiederholte Lev, nunmehr etwas lauter. Aber Ellen hatte sich schon umgedreht und verließ den Raum. Ich hörte, wie der Captain sich mit den Händen durch die Haare fuhr.

»Sie hat jemanden«, sagte ich. »Wir müssen auf sie warten. Wir müssen auf sie warten, weil er in England ist und Ellen …«

Niemand antwortete, und wir blieben noch ziemlich lange in dem Raum, bis Lev wieder anfing, unruhig hin und her zu schaukeln. Ich versuchte an Bäume zu denken, obwohl ich wusste, das würde den Schmerz nur verschlimmern.

* * *

Danach änderte sich alles. Wir misstrauten einander, misstrauten jeder Unterhaltung zu zweit. Ellen redete kaum noch mit jemandem, aber sie hörte mit, das war uns klar. Eines Abends ging ich an ihr vorbei, als sie am Trockenschrank stand. Ich wusste nicht genau, warum sie die Tür geöffnet hatte, fragte mich aber, ob sie die Rationen oder die Zeit ausrechnen wollte. Es gab fünf Schichten und fünf Leute, wir konnten das Boot also nur mit allen bedienen. Lev war vielleicht verrückt, aber auch er wusste das, und er wusste, dass wir uns einig sein mussten. Also warteten wir. Wir warteten zwei Wochen, bis ich eines Tages nach den Schaltungsreparaturen Ellen nicht mehr auf ihrer Station hörte.

Ich nahm an, dass sie deprimiert in ihrer Koje lag, und ging zu ihrer Tür. Ich wollte ihr sagen, dass es in Ordnung war und wir warten würden, dass wir es nicht eilig hatten. Wir konnten ein halbes Jahr durchhalten, wenn wir wollten. Wir konnten warten. Aber sie war nicht da. Sie war auch nicht am Trockenschrank oder am Entsalzungstank, und als ich ihren Namen rief, hallte er durch das Stahlgehäuse, aber eine Antwort erhielt ich nicht. Dann meldete sich Hyun leise aus einem Durchgang, den wir nicht mehr benutzt hatten, seit es dunkel geworden war.

Der Captain eilte herbei, und wir suchten ungeduldig den Schalter, der die Tür zu den Druckanzügen öffnete. Als sie offen war, tastete ich mich mit den Armen vorsichtig am Boden entlang zu der Stelle, wo die Kabel verstaut waren, fühlte einen, zwei, drei und dann eine Lücke. Da waren nur noch vier Panzertauchanzüge, und ich glaube, wir wussten alle sofort, was das hieß. Wir öffneten die Luke zum Vorraum, der sich zum Wasser hin öffnete, und holten das Kabel mit dem Autosimulator ein. Der Ozean war so schwarz wie die Wände, daher wussten wir nicht, was uns erwarten würde, als ihr Körper mit einem dumpfen Schlag in die Kammer fiel. Ich rannte hinein, spürte die Kälte auf ihrem Gesicht und die Nässe auf ihrem Anzug; die Adern in ihrem Hals pulsierten noch. Der Helm war zerbrochen, auf ihren Wangen waren Eissplitter.

»Ellen!«, rief ich, aber sie antwortete nicht. »Ellen! Ellen!« Dann dämmerte mir, was passiert war. Was die Tiefe angerichtet hatte. Ich schüttelte sie, und sie bewegte sich, hustete, drehte den Kopf zur Seite und würgte. Ich tastete mich rasch zu ihren Ohren. Warmes Blut sickerte heraus und floss in ihr langes schwarzes Haar. Ihre Trommelfelle waren geplatzt – sie war gefangen in Dunkelheit, Stille und einem gewaltigen Metallanzug. Als wir sie daraus befreit hatten, hob sie die Hand und berührte mein Gesicht. Es fühlte sich eigenartig an, und ich wäre gern zurückgewichen, aber ich ließ sie meine Nase, meinen Mund und die Augen abtasten, bis sie wusste, dass ich es war. Sie hatte es mit Absicht getan, aber nicht ahnen können, dass wir sie rechtzeitig finden würden.

»Sie ist taub«, sagte der Captain. Lev stöhnte wieder aus dem anderen Raum. Da wir nicht wussten, was wir sonst tun sollten, trugen wir sie in den Lagerraum, erhitzten Wasser und gossen es über ihre Kleidung. Irgendwie war es noch dunkler als sonst, und ich fragte mich kurz, ob das überhaupt möglich war. Ob wir an die dunkelste Stelle des Grabens getrieben waren und wir schon bald hören würden, wie die zermalmte tektonische Platte zu Lava wurde und uns hinabziehen würde.

Ellen stöhnte. Ich riss meine Augenbinde in zwei Streifen, knüllte sie zusammen und drückte sie ihr in die Ohren, um die Blutung zu stoppen. Sie lag eine ganze Weile so da, bis sie ruhig wurde. Wir gaben ihr etwas zu essen, und da sie offenbar in Ordnung war, trugen wir sie in ihre Koje und gingen zurück auf unsere Stationen. Ich hörte, wie Lev auf und ab lief, wie Hyun klickte, das beruhigende Brummen des Entsalzungstanks und der Lüftung. Ich stellte mir Ellen allein in der Stille ihrer Welt vor, eingesperrt im Universum ihrer Gedanken und Erinnerungen an eine ungelebte Zukunft irgendwo in England.

Sie wachte erst viel später wieder auf und tastete sich mit ausgestreckten Armen um Ecken, die sie längst auswendig kannte. Wenn sie an uns vorbeiging, drückten wir ihr die Schulter, aber mehr fiel uns nicht ein. Sie war verloren. Das Resultat ihres Versuchs hatte unser Philosophieren und Spekulieren zum Schweigen gebracht. Wir warteten jetzt. Wir aßen und bewegten uns, aßen und bewegten uns.

* * *

Ich war auf Sonarwache, als wir das Signal des Rover auffingen. Er hatte keinen Metalldetektor, und es sah so aus, als hätte er sich blind durch den Graben bewegt. Es war ein kleiner Roboter – vermutlich das einzige Gerät, das man in so kurzer Zeit bauen und das dem Druck standhalten konnte. Lev rannte schreiend los, und ich schätze, Ellen spürte die Vibrationen, die er auf den Stahlplanken auslöste, denn ich hörte, wie sie die Tür hinter sich schloss.

»Das sind Funkwellen«, sagte der Captain. »Da ist eine Antenne. Niemand wird kommen.« Wir stellten die Sonarfrequenzen genauer ein und hörten eine fünf Minuten lange Botschaft, die zweimal von den Detektoren erfasst und ausgestrahlt wurde, bevor der Rover sich an uns vorbeibewegte und außer Sicht verschwand. Sie kannten unsere Reichweite und wussten, dass uns fünf Minuten blieben, um die Botschaft auf beiden Seiten des Bootes zu hören. Eine teure Angelegenheit, das hörte ich an der Frequenz. Eine Millionen-Dollar-Botschaft.

Die Stimmen waren meine Schwester, der ehemalige Leutnant des Captains, Levs bester Freund und Hyuns Mutter. Die letzte Stimme stammte von Daniel, der zittrig flüsterte: »Ellen, ich liebe dich. Ellen, ich kann den Ozean nicht mehr sehen.« Er redete weiter, aber ich war zu benommen, um mich an den Rest zu erinnern. Ellen stöhnte und wanderte verwirrt umher. Daniel, schrieb ich ihr auf den Arm. Langsam, damit sie jeden Buchstaben erfassen konnte. Eine Nachricht. Sie verstand nicht. Meine Hand zitterte, ich schrieb langsamer. Eine Nachricht. Der Ozean. Er liebt dich. Aber wir erinnerten uns nicht mehr – die Gedanken kollidierten mit unseren Worten. Sie riss sich los und schlich wieder durch das Boot, bis wir sie später zusammengekrümmt und schlafend neben einer Luke fanden.

* * *

Die Stunden verschwammen, während unser Trocken-schrank sich zunehmend leerte, aber die dunklen Träume hörten nicht auf. Manchmal, wenn der Captain am Steuer-stand saß oder wenn Lev schlief, kletterte ich in den Turm und blickte durch das Periskop auf die unendlich vielen Seemeilen. Ich schloss die Augen und sah Sterne, aber die Quallen kamen nicht mehr.

ESSAYS

———◄o►———

Was ich Dir sagen will: Schreib mir eine SMS.
Weil es eine Vorgeschichte gibt. Weil es einen Ernstfall gibt.
Weil es eine Schlafenszeit gibt.
Weil, wenn die Welt zu Ende geht, mein Telefon vielleicht
    nicht aufgeladen ist und
Wenn du nicht bald antwortest,
Weiß ich nicht, ob du der Schatten neben meinem sein
    willst.

        – Marina Keegan, aus dem Gedicht *Nuklearer Frühling*

Stabilität in Bewegung

Die DNA meines Camry Baujahr 1990 wurde im Hauptquartier des multinationalen Konzerns Toyota in Tokio
kreiert; via Blaupause in das nordamerikanische Haupt-
werk Hebron in Kentucky transportiert; Organ für Organ
in vier großen Montagewerken in Alabama, New Jersey,
Texas und New York zusammengesetzt; per Lastwagen in
die Arsenal Street 149 in Watertown in Massachusetts
überführt; und am 4. September 1990 von meiner Großmutter nach Hause gefahren. Er verfügt über 200 PS,
einen 3.0 LV6-Sechszylindermotor, eine 4-Gang-Automa-
tik und eine adaptive Aufhängung. Sie fand das Auto zu
»high-tech«. 1990 bedeutete das einen Kassettenrekorder,
einen Getränkehalter und ein von Hand betriebenes Glasschiebedach.

In seiner Jugend kam das Auto wenig herum. Meine
Großmutter sammelte in fünfzehn Jahren magere vierzig-
tausend Kilometer an, meistens zum Markt und zurück,
zu meiner Familie oder zum griechischen Juwelier im
Stadtzentrum. Die schwarze Karosserie blieb makellos
glänzend, die beige Innenausstattung fleckenlos frisch.

Papiertaschentücher wurden entsorgt, Sitze gestaubsaugt, Essen war verboten. Die altmodische Reinlichkeit meiner Großmutter war eine liebenswerte Tugend – ich hatte sie eindeutig nicht geerbt.

Ich bekam den alten Camry durch eine seltsame Transaktion. Zehn Tage vor meinem sechzehnten Geburtstag starb mein Großvater. Er war sechsundachtzig, und obwohl wir lange mit seinem Tod gerechnet hatten, empfand ich ein unangenehmes Schuldgefühl, als ich erfuhr, der nunmehr überschüssige Wagen solle nun bald mir gehören. Für meine Großmutter war es ein symbolischer Abschied. Sie wollte nur *ein* Auto in ihrer Garage sehen – musste ihren Verlust handfester begreifen. Und da Opas Auto das »schönere« von beiden war, wollte sie das behalten. Drei Wochen nach der Beerdigung fuhr meine Großmutter mit mir zur Bank, ich unterschrieb einen Scheck über exakt einen Dollar, und das Auto gehörte offiziell mir. Damit war die Sache erledigt. Als ich am Abend mit ihr nach Hause fuhr, öffnete ich das Glasschiebedach und legte ein Band von Frank Sinatra auf. Meine Oma lächelte zum ersten Mal seit Wochen.

Im Laufe der nächsten drei Jahre durchlief das Auto eine Metamorphose. Als ich den Toyota zum ersten Mal in meiner Einfahrt parkte, war er makellos, vollgetankt und ausgerüstet mit den für meine Großmutter lebensnotwendigen Dingen. Das Handschuhfach enthielt eine Lupe, drei Stifte und den Fahrzeugschein in einer kleinen verschließbaren Plastikhülle. Im Kofferraum lagen zwei identische schwarze Regenschirme, ein Verbandskasten und ein kleines Nähset für Notreparaturen. Und wie die Handgelenke meiner Großmutter roch alles nach *Opium*.

Eine Zeitlang hielt ich den untadeligen Zustand aufrecht. Aber ein Kaugummipapier führte zu zweien, und schon bald machte mein Auto eine radikale Veränderung durch – die motorisierte Entsprechung einer Midlife-Crisis. Geboren und aufgewachsen in korrekter Förmlichkeit, sah mich das Auto als *diese* Freundin aus der Schule, als schlechtes Beispiel, das der Naivität schadet und die reine Unschuld verdirbt. Immerhin waren wir gleich alt – beide achtzehn. Der Toyota wurde neu geboren, vollgepackt mit Müll und Phonzahlen ausgesetzt, die er sich nie hätte träumen lassen. Ich konfrontierte ihn mit kichernden Freundinnen und leidenschaftlichen Telefonaten, mit ausgeliehenen Röcken und Getränkeflaschen.

Mit der Zeit ergriff das Chaos Besitz von mir. Teile meines Lebens fielen langsam von mir ab und bildeten eklektische Abfälle, die nach und nach jede Ecke eroberten. Leere Sushi-Boxen, Diät-Cola-Dosen, halbvolle Kaugummipackungen, Pullover, Sweatshirts, Socken, meine Laufschuhe. Mein Müll war ein wildes Sammelsurium. Wenn ich auf der Fahrt zur Schule genug gelernt hatte, lagen auf den Sitzen alle möglichen Zeitungen, überarbeitete Englischaufsätze, Biologiezusammenfassungen für Prüfungen und Karteikarten für Spanisch. Das linke Türfach war voll winziger Stanniolkugeln, die ich nach dem Verzehr meines morgendlichen English Muffin zerknüllt hatte. Am Freitag hatte ich sämtliche Kaffeebecher aus dem Haus gehortet. Am Sonntag beschwerte sich immer jemand über ihr Fehlen, und dann rannte ich hinaus, schnappte sie mir und stellte sie heimlich in die Spülmaschine.

Mein Auto war nicht unappetitlich; es war bewohnt, unaufgeräumt, beengt. Es wurde eine Erweiterung meines Zimmers und damit eine Erweiterung meiner selbst. Hinten hatte ich zwei Aufkleber: REPUBLICANS FOR VOLDEMORT und das Symbol der Gleichberechtigungskampagne. Auf dem hinteren Seitenfenster waren OBAMA-'08-Zeichen, die ich auf Geheiß meiner Eltern abmachen musste, weil sie meine »Blickachse ernsthaft gefährdeten«. Der Kofferraum beherbergte meine Gitarre, war aber gleichzeitig auch die Bibliothek, voll mit Sachbüchern und Romanen, einer großen zerfledderten Ausgabe der *Complete Works of William Shakespeare* und allen hundert Kapiteln von *Harry Potter* auf Band. Ein paar vereinzelte Kassetten lagen in den Ecken, die kleinen braunen Innereien herausgerissen, wirr und verstümmelt. Sie waren Opfer der Grabenkriege im Kofferraum, vergessen ausgebreitet neben dem Stirnband, das ich Meghan nie zurückgab.

Im Durchschnitt verbrachte ich zwei Stunden pro Tag im Auto. Knapp eine Stunde zur Schule und eine zurück, und der altmodische Toyota – von meinen Klassenkameraden mit amüsierter Heiterkeit betrachtet – wurde mit der Zeit zu einem Ort des Trostes und der Einsamkeit inmitten des Chaos meiner Alltagsroutine. Meine Gedanken konnten sich frei entfalten, meine Muskeln entspannen. Niemand beobachtete mich oder konkurrierte mit mir.

Manchmal ließ ich mich vom tiefen Bariton Tom Ashbrooks auf NPR über Ölknappheit belehren. Dann wieder hörte ich ständig Mixtapes mit Titeln wie *Pancake Breakfast, Tie-Dye and Granola* und *Songs for the Highway When It's Snowing.*

Wenn ich in meinem Auto irgendetwas suchte, fand ich oft mehr als nur materielle Reliquien. Zwei Monate lang konnte ich nicht die Beifahrertür öffnen, ohne noch einmal zu durchleben, wie er mich zum ersten Mal geküsst hatte. In der Dunkelheit war sein Grübchenlächeln zwar nicht richtig zu sehen, aber es ließ mich trotzdem rückwärts stolpern, als ich mich mit hochrotem Gesicht zurück ins Auto tastete. Auf dem Rücksitz lag die *New York Times* vom 3. Juni, die ich einfach nicht wegwerfen konnte. Als wir zusammen von unserem Campingausflug zurückfuhren, las er sie von vorne bis hinten, während ich Simon and Garfunkel spielte – und hoffte, ihm wäre klar, dass sämtliche Songs von uns handelten. Auf dieser Fahrt haben wir nicht viel geredet. Das war auch nicht nötig. Als wir von der Autobahn abfuhren, legte er zum ersten Mal seine Hand in meine; erst als ich die Ausfahrt genommen hatte, wurde mir klar, ich hätte sie besser verpassen sollen. Mit dieser Zeitung verbunden sind auch die Fingernagelspuren, die ich an dem Abend, als wir beschlossen, *nur Freunde* zu sein, in das Leder des Lenkrads bohrte. Mein Auto konnte mich auf den ganzen sechsunddreißig Kilometern nach Hause weinen hören.

Schon bald bevölkerten die bleibenden Erscheinungsformen meiner Erinnerungen das Auto. Mein Lautsprecher hinten rechts war kaputt, seit mein älterer Bruder und ich bei einer Hochzeit die Nacht durchgemacht und während der verregneten Rückfahrt die ganze Zeit schamlos gesungen hatten. Ich erinnere mich noch an die schiere Energie des Sturms, an die Lichter und die Musik – sie durchströmten uns, transzendierten die Karosserie des Wagens und übertrugen sich auf die Stadt. Und da war der liegen gebliebene Ordner von dem Tag, als ich meinen Vater zu einem Vorstellungsgespräch fuhr, nachdem er seine Arbeit verloren hatte. Sein Auto war zufällig in der Werkstatt, aber ich weiß, wie schlimm es für ihn war, dass er und nicht seine Tochter auf dem Beifahrersitz saß. Mit der traurigen Verwirrtheit eines Kindes, das ein Elternteil beim Weinen erwischt, hielt ich den Blick die ganze Zeit auf die Straße gerichtet.

Ich redete viel in meinem Auto. In seinem Inneren sind Tausende von Worten und Songs und Flüchen absorbiert, ebenso wie der Orangensaft, den ich auf der Fahrt zum Zahnarzt verschüttet habe. Es weiß, was passiert ist, als Allie nach Puerto Rico ging, es versteht den Unterschied, wie ich Nick ansehe und wie Adam, und es erinnert sich daran, wie ich das erste Mal mit Selbstgesprächen experimentierte. Ich habe für Auditions und College-Vorstellungsgespräche geübt, für mündliche Vorträge in Spanisch und Diskussionen. Es hat etwas Originelles, wenn man allein im Auto flucht. Durch den zunehmenden Druck von APs und SATs und all den anderen Abkürzungen, die uns in der Highschool verfolgen, verlor das Ganze jedoch etwas von seinem Reiz.

Mein Auto hat drei Filme im Autokino gesehen. Während *The Dark Knight* gab die Batterie ihren Geist auf, und wir mussten heftig kichernd die übergewichtige Familie in der Reihe nebenan bitten, uns Starthilfe zu geben. Der Geruch nach Popcorn durchdrang jede Ritze des Fahrzeugs, und in den folgenden Wochen glichen sämtliche Fahrten einem Ausflug ins Kino. Der Camry verströmte die unterschiedlichsten Gerüche. Am Anfang roch er nach meiner Großmutter – Parfüm, Pfefferminz und Mottenkugeln. Ich hatte eine Teephase, in der es ständig nach indischen Kräutern duftete. Manchmal roch es morgens leicht nach Tabak, und dann wusste ich sofort, mein älterer Bruder hatte ihn am Abend vorher entführt. Einmal stank er drei Tage lang nach Gras. Wir waren zu fünft, und Dan hatte einen schludrig gedrehten Joint hinter seinem Ohr hervorgeholt, den wir nach ängstlichem Inhalieren mit zittrigen Fingern weitergaben. Es passierte nichts. Nur die Sitze schienen die Droge zu absorbieren und high zu werden. Meistens jedoch roch er für mich nach gar nichts. Wenn ich mit meinen Freunden unterwegs war, behaupteten sie allerdings immer, er hätte ein ganz eigenes Aroma. Ich glaube, es verhielt sich so ähnlich wie mit dem eigenen Speichel, den man auch nicht schmeckt, oder dem eigenen Geruch, den man nicht wahrnimmt – das Auto und ich waren angenehm immun gegeneinander.

Im Jahrbuch der Buckingham Browne & Nichols Highschool wurde ich zur schlechtesten Fahrerin gewählt, aber an den meisten Tagen widerlege ich diesen Superlativ. Die Liebe meines Autos für falsches Parken machte mich zu einem leichten Opfer, für andere Verstöße hingegen erhielt ich selten Strafzettel. Meine Fehler schadeten meistens mir und nicht anderen – ich schloss meine Autoschlüssel ein oder parkte auf der falschen Straßenseite. Einmal, im letzten Winter, musste ich die Flüssigkeit in der Scheibenwischanlage auffüllen und kippte in der üblichen Hektik eine ganze Flasche von ähnlich blauem Frostschutzmittel rein. Übermäßig viel Frostschutzmittel schadet angeblich dem Motor. Also fuhr ich die nächsten zwei Stunden ständig um meinen Block und versprühte das Frostschutzmittel Strahl um dickblauen Strahl. Während dieser Nachtwache lief keine Musik. Ich fand kein Band mit dem Titel Du vergiftest dein Auto.

Es mag sein, dass mein Auto peinlich und unordentlich aussah, aber ich mochte es sehr. Es war ein bewegliches Heim, das im Winter meinen Sitz heizte und mich am Abend nach Hause trug. Ich führte kein Tagebuch und fotografierte nur selten. Aber dieser alte Toyota Camry war eine merkwürdige Dokumentation meiner Jugend. Als ich siebzehn war, war das Auto ebenfalls siebzehn. Im vergangenen September kam mein jüngerer Bruder an die Highschool, und ich übertrug meine Eigentümerschaft auf ihn. In den Wochen, bevor ich ans College zurückkehrte, zwangen mich meine Eltern, es für ihn zu säubern. Ich legte sechs Müllsäcke auf die Einfahrt und füllte sie mit dem Inhalt meines Autos, während die Augustsonne das schwarze Plastik erwärmte. Es war eine seltsame Aufgabe, als würde man sämtliche Bilder aus einem Sammelalbum nehmen und die Unterzeilen ausweißen.

Wie für meine Großmutter war es auch für mich ein symbolischer Abschied. Während ich vor dem frisch ausgesaugten Auto stand, fragte ich mich, ob ich vielleicht das *Opium*-Parfüm wieder riechen könnte, wenn ich mich genug bemühte, oder ob ich die identischen Regenschirme und das kleine Nähset finden würde, wenn ich lange genug suchte. Mein Bruder lachte über meine nostalgische Anwandlung und erinnerte mich daran, dass ich das Auto jederzeit fahren könnte, wenn ich nach Hause kam. Er verstand nicht, dass es nicht nur das Fahren war, das mir fehlen würde. Dass es auch die Stanniolkugeln waren, die *New York Times* und der kaputte Lautsprecher; die Fingernagelspuren, die vereinzelten Kassetten und der Geruch nach Tee. An diesem Abend saß ich allein in meinem Auto in der Einfahrt und hörte bei offenem Glasschiebedach Frank Sinatra.

Warum wir uns um Wale kümmern

Wenn der Mond sich langweilt, tötet er Wale. Blauwale und Finnwale und Buckelwale, Pottwale und Killerwale: Die Fliehkräfte machen keinen Unterschied.

Schweigend entzieht der Mond ihnen das Wasser unter Finnen und Flossen, die hin- und herschwingen, bis es endgültig weg ist. Der Mond betrachtet sein nächtliches Werk. Mit silbrigem Licht erhellt er die verbliebenen Wasserstreifen, die zittrigen Krabben, die verknäulten Algenklumpen.

Langsam und schwerfällig finden die Wale ihren Halt. Sie versuchen den Wellen zu trotzen, aber den Mond bezwingen sie nicht. Sie können nichts ausrichten gegen die Drehung der Welt, gegen die Bathymetrie der Ozeane oder die unvermeidliche Tatsache, dass manches einfach nicht geht.

Mehr als zweitausend Cetaceen sterben jährlich bei Strandungen. Manchmal verenden sie allein, aber Wale stranden oft in Verbänden, zusammengedrängt in Gruppen und Reihen. Wale pflegen Zusammenhalt, Gemeinschaftssinn und Treue. Der Notruf eines einsamen Tiers genügt, um die gesamte Schule an seine Seite zu holen – eine Geste, die sie Nase an Nase im Sand landen lässt. Es ist eine tödliche Symphonie der Echolotung, ein Sirenengesang an die Mitfühlenden.

Der Tod kommt langsam. Als Säugetiere der Ordnung Cetacea atmen Wale bewusst. Eingeatmet wird nach Bedarf, indem sie gelegentlich an die Wasseroberfläche tauchen. Obwohl ihre Vorfahren an Land lebten, endet das ständige dem Sauerstoff Ausgesetztsein für die heutigen Tiere tödlich.

Gestrandete Wale werden hektisch und Gefangene ihrer Hyperventilation. Die meisten sterben an Dehydrierung. Die salzige Luft lässt die Poren schrumpfen und verhindert die Regulation der Körpertemperatur. Ohne die Auftriebskraft des Wassers werden sie buchstäblich von ihrer eigenen Masse erdrückt. Manche brechen zusammen, bevor sie austrocknen – ihre Lungen ersticken unter dem großen Körpergewicht –, oder sie ertrinken, wenn die Flut langsam ihre Blaslöcher füllt und schließlich bedeckt, während sie zu schwach sind, um sich zu bewegen. Im Durchschnitt überlebt ein Wal an Land nicht länger als vierundzwanzig Stunden.

In den letzten Augenblicken beginnen sie zu bellen und wild um sich zu schlagen. Schließlich öffnen sich ihre Kiefer – nicht ganz, sondern gerade so weit, dass die typische Illusion des ewigen Lächelns verschwindet. Dann ist es vorbei. Ich weiß das, weil ich gesehen habe, wie dreiundzwanzig Walschnauzen sich auf diese Weise geöffnet haben. Wie dreiundzwanzig Walaugenpaare trüb geworden sind.

An jenem Morgen hatte ich nach dem Aufstehen eine Notstation vor meinem Fenster entdeckt. Ungefähr fünfzig Grindwale lagen am Strand vor unserem Haus auf Cape Cod, umgeben von aufgeregten Nachbarn und Tieraktivisten. Die Küstenwache war eingetroffen, während ich geschlafen hatte, und Gardisten in Booten versuchten bereits, die massiven Körper mit riesigen Netzen ins Wasser zurückzuhieven. Freiwillige eilten in Gruppen umher und gruben Gräben um die Walköpfe, um sie abzukühlen, legten ihnen nasse Handtücher auf die Haut und bildeten Menschenketten, um Eimer mit Wasser über sie zu schütten. Die Atmosphäre war angespannt, verwirrt und spürbar dringlich.

Grindwale gehören zu den weitverbreitetsten Meeressäugern in der Ordnung Cetacea. Ausgewachsene Männchen werden bis zu sechs Meter lang und wiegen drei Tonnen, Weibchen erreichen gewöhnlich fast fünf Meter und 1,5 Tonnen.

Das Problem war ihre gewaltige Körpermasse. Im Gegensatz zu den drei Delphinen, die im vergangenen Sommer in der Nähe unseres Hauses gestrandet waren, ließen sich fünfzig Grindwale so gut wie nicht retten. Wenn ungünstige Gezeitenströme und Topographie zusammenkommen, sitzen größere Arten fest. Heimtückische Sandbänke tauchen plötzlich auf und schneiden sie vom Wasser ab.

Die Menschen sind komisch, wenn es um Tiere geht. Besonders um große. Tag für Tag werden bei den Anlegern in Wellfleet Harbor Tausende von Fischen entschuppt, ausgenommen und mit Thymian und Zitrone gewürzt. Keiner streichelt ihre Seiten mit Wasser. Keiner weint, wenn ihre Schnauzen sich öffnen.

Grindwale gehören nicht zu den bedrohten Arten, und doch werden Zehntausende Dollar für Rettungseinsätze gespendet, um verwundete Tiere per Lastwagen in Aquarien zu bringen und manchmal sogar auf dem Luftweg vom Strand abzutransportieren. Vielleicht begünstigt die schier unglaubliche Größe von Walen Mitgefühl. Vielleicht bewirken die Geschichten vom Propheten Jona und von Moby Dick dasselbe. Oder vielleicht liegt es an dem Artikel von letzter Woche, in dem es um einen Wal in Australien ging, der Handzeichen verstand. Intelligenz spielt eine Rolle, oder? Gehirngröße ist wichtig, stimmt's? Diese Wale wussten, dass sie sterben würden. Sie verfügen über eine gewisse Sprache, eine gewisse Gefühlswelt. Sie bringen Kinder zur Welt, Herrgott nochmal! In den Netzen der Wellfleet-Fischer sind keine schwangeren Tiere. Fische haben kein allgemeines Verständnis für den bevorstehenden Tod.

Manchmal ärgert es mich, dass Menschen Angst haben, Menschen zu helfen. Bei Tieren ist das offenbar einfacher, besteht weniger Angst zu versagen, Angst, man könnte sich zu sehr einmischen. In Kriegsfilmen sterben mitunter tausend Soldaten auf grausame Weise, aber wenn das Pferd erschossen wird, bricht den Zuschauern das Herz. Das ist der *Mein Hund Skip*-Effekt. Das *Zurück nach Hause – Die unglaubliche Reise*-Syndrom.

Wenn wir erfahren, dass die Frau in der Straße nebenan

Krebs hat, findet sich nicht die ganze Stadt vor ihrem Haus zusammen. Wir drücken, streicheln und befeuchten einen ganzen Tag lang Wale und gehen dann auf dem Heimweg durch die Stadt an Obdachlosen vorbei, die gekrümmt auf Bänken liegen – gestrandet auf Bordsteinen wie Wale. Vom Mond ins Freie gelockt und in Kanalschächten um Luft ringend. Auch sie ersticken, aber es bildet sich keine Menschenkette, die ihnen Essen bringt. Keine spürbare Eile, kein Flugzeug, das sie abtransportiert.

Fünfzig gestrandete Wale sind eine konkrete Krise mit einer sichtbaren Lösung. Dabei entsteht Kameradschaft, eine *Free Willy*-Phantasie, ein Bild von Flipper in jedem Kopf. Es hat nichts Romantisches, einen Mann auf einer Parkbank zu wecken und ihn zu zwingen, in eine Unterkunft zu gehen. Ein auf Oxfam International ausgestellter Scheck bringt nicht viel selbstgerechte Erfüllung.

Würde auch ein solches Aufheben gemacht, wenn ein Mensch am Strand angespült wird? Ja. Aber gestrandete Menschen werden nicht mit der Flut angeschwemmt – sie verstecken sich in Ecken und Steinhäusern, in den Ebenen exotischer Länder, deren Namen wir noch nicht mal kennen, und sie sterben an Krankheiten, die wir nicht aussprechen können.

Theoretisch kann ich sagen, dass wir unsere Mittel und Möglichkeiten auf die Rettung menschlichen Lebens konzentrieren sollten, dass auf unseren RETTET DIE WALE-T-Shirts lieber RETTET DIE ÄTHIOPIER stehen sollte. Ein Argument, das logischerweise naheliegt. Warum verwenden wir so viel Zeit darauf, uns um Tiere zu kümmern? Klar, ihr Wohlbefinden ist wichtig, aber das von Menschen ist es sicherlich umso mehr.

Im vergangenen Jahr investierte ein gemeinnütziges Unternehmen 10 000 Dollar für den Transport eines Wals in ein Aquarium nach Kalifornien, wo er drei Tage nach der Ankunft starb. Mit denselben 10 000 Dollar hätte man Hunderttausende Essensrationen kaufen können. Theoretisch lässt sich das leicht sagen.

Als ich aber um vier Uhr morgens in das Auge eines sterbenden Grindwals sah, waren meine Gedanken nicht so philosophisch. Noch vier Stunden bis zur Flut. Halte seine Haut feucht. Nur noch drei Stunden. Für Logik blieb keine Zeit. Meine Vernunft war mit dem verebbenden Tanz der Wellen davongeschwemmt.

Ich hatte den ganzen Tag geholfen. Siebenundzwanzig Wale hatten wir schließlich retten können, aber dreiundzwanzig lagen zu weit an Land, waren zu alt oder dem Tod schon zu nah. Nachdem die meisten Freiwilligen nach Hause gegangen waren, ging ich am Abend noch mal nach draußen und schaute nach den Walen.

Es war mittleres Hochwasser, der angespülte Seetang knirschte immer noch unter meinen bloßen Füßen. Das Wasser stieg. Das Mondlicht schien auf das salzverkrustete Schlachtfeld und spiegelte sich in den winzigen Wassertümpeln und halben Austernschalen.

Die lebenden Wale waren leicht auszumachen. Ihre noch immer feuchten Körper schimmerten im Mondlicht. Ich kniete mich neben ein altes Tier, das für einen gesunden Grindwal tief und viel zu schnell atmete.

Ich legte meine Hände auf seine Nase und hielt mein Gesicht vor sein sichtbares Auge. Ich wusste, er würde sterben, und er wusste es auch; uns beiden war klar, dass wir nichts daran ändern konnten.

Gestrandete Wale sterben auf der Seite, das eine Auge in den Sand gepresst, das andere im Freien und gezwungen, in den Mond zu blicken, das Gestirn, das ihm das Wasser unter der Finne entzog.

An Land gibt es keine Echolotung. Ich stellte mir vor, wie ich langsam neben meiner Mutter oder einem Lover sterbe, hilflos und unfähig, meine Abschiedsbotschaft zu übermitteln. Ich weiß noch, dass ich mir einzureden versuchte, alles würde schon gut werden. Aber für ihn war nichts gut. So wie auch für den Obdachlosen und den Äthiopier nichts gut war.

Vielleicht hätte ich einen von ihnen trösten und ihm meine Hand auf die Schulter legen sollen. Meine Zeit, mein Geld und mein Leben darauf verwenden sollen, jene zu retten, die auf zwei Beinen gingen und sich ohne Echo verständigten.

Der Mond zog das Wasser vor und zurück, dann nach innen und um meine Knöchel. Bevor ich eine Antwort fand, löste sich die Schnauze des Wals und öffnete sich leicht an den Rändern.

Aufs Korn genommen

Auf meinem Sterbebett bitte ich eine Schwester, mir Folgendes zu bringen: eine Rolle gefüllte Kekse, eine Tüte Goldfischchen, einen Hamburger von McDonald's, eine Auswahl von Dunkin' Donuts, Hühnerpastete, eine gefüllte Teigtasche, eine große Salamipizza, einen Crêpe und ein eiskaltes Bier. In meinen letzten Minuten werde ich das alles langsam und genüsslich verzehren, bevor ich ins Jenseits entschwinde. Ich fange mit den Donuts an, Zitronenglasur und Boston Creme, beiße auf jede zerlegbare Kalorie, während meine Verwandten seufzend Beileidskarten unterschreiben. Als Nächstes koste ich die Pizza und das Bier, schlemme glücklich beides im Beisein der Ärzte, die mich zunähen und traurig Notizen machen. »Ach«, werden sie im tiefen Bariton sagen, »wahrscheinlich ist es zu spät. Wahrscheinlich geht es zu Ende.« Alle werden sich um mich versammeln, leise weinen und einander umarmen, während ich mir strahlend die mit vier Käsesorten gefüllte Teigtasche und den Big Mac Supreme schmecken lasse.

Ich reagiere allergisch auf Sachen. Brot, Pasta, Müsli,

Pfannkuchen, Sojasauce, Seitan, Hydrolyzed Amp-Isostea-royl, Einkorn, Gerstenextrakt, die Liste ist endlos. Irgendwann endet sie bei einem einzigen Wort – einem einzigen kleinen Protein, das sich in winzigen Mengen in unaussprechlichen Inhaltsstoffen versteckt. Gluten. Der König aller Polypeptidketten. Der Feind meines Lebens und der Held meines Festmahls im Sterbebett. Es verbirgt sich in Saucen und Eintopfgerichten, künstlichen Farbstoffen und Aromen. Es wimmelt in vielen Köstlichkeiten, schleicht sich in meinen Dünndarm und zerstört dort meine Zotten.

Es nennt sich Zöliakie: eine Autoimmunkrankheit, die sich in einer Unverträglichkeit gegenüber Proteinen manifestiert, zu finden in Weizen, Roggen, Gerste und anderen verbreiteten Getreidesorten. Beim Verzehr von Gluten modifiziert mein Enzym Gewebstransglutaminase das Protein, und das Immunsystem reagiert mit einer Entzündung im Dünndarm, durch welche die Dünndarmschleimhaut geschädigt und die Nährstoffaufnahme vermindert wird. Mit anderen Worten, meine weißen Blutkörperchen spielen verrückt, attackieren das Zeug wie einen Virus und verheeren dabei das Schlachtfeld in meinen Eingeweiden, das ich ihnen unfreiwillig zur Verfügung stelle.

Ein paar Jahre, nachdem meine Mutter mir das Leben gerettet hatte, brachte sie mir Wörter wie *Transglutaminase* bei. Als Baby bereitete ich Ärzten und Spezialisten wochenlang Kopfzerbrechen mit meinen spindeldürren Gliedmaßen und meinem aufgeblähten Bauch. Ich nahm nicht zu und erbrach fast alles, was ich aß. Ein Test namens Breischluck ergab schließlich, dass sich mein gesamter Magen in den Brustkorb geschoben hatte, und endete mit einer Notoperation, um den Zwerchfellbruch zu korrigieren. Trotzdem blieb ich blass und kränklich. Statt gesund zu werden, rutschte ich allmählich in die Unterernährung und wurde nach jedem Arzttermin zu Hause in den Hochstuhl gesetzt, auf dem Kekse, Salzcracker und andere pure Gifte in rauen Mengen herumlagen. Meine Mutter, bar jeder Antworten von Experten, suchte sich eigene in den Magazinen der besten Bibliotheken in Boston. Sie brütete über Seiten und Symptomen und lateinischen Etiketten, bis sie unter dem letzten Buchstaben im Alphabet eine Antwort fand. »Testen Sie sie«, verlangte sie von der Meute in weißen Kitteln. Sie taten es. Und sie hatte recht. Mit achtzehn Monaten aß ich meinen ersten Reiskeks.

* * *

Wäre Zöliakie eine unbekannte Indieband, könnte ich damit angeben, dass ich sie schon vor allen anderen kannte. Heute drucken Biosupermarktketten wie Whole Foods bis hin zu kleinen Cafés GLUTENFREI auf Kartons und Cupcakes. Wie es aussieht, bin ich supertrendy. Ich bin der neue Veganer. Ich bin die coole neue Diät, die San Francisco und Williamsburg erobert. Die Zeitschrift *Glamour* empfiehlt glutenfreie Rezepte, und das Webzine *Daily Beast* brachte im vergangenen Sommer einen Artikel über die Beliebtheit glutenfreier Kost unter Hollywoodstars.

Ich glaube, die spinnen. Trotzdem begrüße ich das Bewusstsein. Als ich 1990 die Diagnose bekam, hatte kaum jemand von der Sache gehört. In diesem Jahr erreichte der glutenfreie Markt 2,6 Milliarden Dollar – eine Zahl, die sich bis 2015 verdoppeln soll. Die auf Reis basierende Explosion hat ihre Ursprünge bei Ernährungswissenschaftlern in Schweden bis zu Ärzten in New York ... eine dieser Quellen findet sich allerdings ganz nah bei mir zu Hause.

Meine Brüder zogen meine Mutter gern damit auf, dass sie von Zöliakie besessen sei. Aber irgendwie stimmt es. Sie backt unentwegt weizenfreie Kekse und Brote, präsentiert sie aus dem Ofen und in Pfannen, am Morgen und per Post. Oft schickt sie mir E-Mails über ein neues sicheres Produkt. »Rice Chex sind glutenfrei!!!!!!!«, schreibt sie dann – und freut sich mehr über die kleinen knusprigen Quadrate, als ich es jemals könnte. Vor dem Pessachfest (dem komischsten Feiertag) zählt meine Mutter die Tage, als wäre es Advent, und wartet ungeduldig auf die plötzliche Vermehrung mehrloser Speisen. Ich rolle nur die Augen, wenn meine halbe Schule über den schrecklichen, eine Woche währenden Brotentzug jammert, während meine Mutter in weit entfernten Supermärkten auf Jagd nach den besten und buntesten koscheren Kuchen geht.

Über allem jedoch besteht sie auf Wachsamkeit. Gluten verbirgt sich überall und in allem, und selbst der kleinste Krümel – der kleinste Krümel eines Krümels – könnte mich krank machen. Es geht um mehr als bloße Magengeschichten; das Nichteinhalten glutenfreier Ernährung erhöht enorm die Chancen auf Schilddrüsenkrebs, Diabetes und andere lebensgefährdende Krankheiten. Das, brachte sie mir bei, sind die wahren Gründe, warum ich immer prüfen und gegenprüfen müsse. Die Gründe, warum sie getrennte Pastasiebe und Messer verwendet. Ich lernte, Etiketten auf verborgene Inhaltsstoffe hin zu lesen, Firmen anzurufen und mich nach der Herkunft der Zuckercouleur und modifizierten Stärke zu erkundigen. Gerichte zu vermeiden, die im selben Öl gebraten wurden wie paniertes Fleisch. Mit Köchen in Restaurants zu sprechen und darum zu bitten, einen sauberen Teil des Grills zu benutzen, eine saubere Salatschüssel, ein mehlfreies Dressing. Wir waren vorsichtig. Wir waren die Besten. Und zu Hause wurde ich auch wirklich nie krank.

Es war nicht einfach. Als ich in die Grundschule ging, war meine Mutter die fehlenden Hilfen für Eltern mit glutenallergenen Kindern leid und beschloss, die Sache selbst in die Hand zu nehmen. Sie, die Englisch studiert hatte, arbeitete mit Ärzten in der Gastroenterologie-Abteilung zusammen und gründete die Zöliakie-Selbsthilfegruppe des Bostoner Kinderkrankenhauses. Sie hatte ihren Beruf aufgegeben, um meine Brüder und mich großzuziehen, aber sie eroberte sich schon bald ihren Schreibtisch unter den Papieren meines Vaters zurück. Sie organisierte die Gruppe von Grund auf und veranstaltete Treffen, die zu Konferenzen führten, sammelte Notizen, die zu Rundbriefen wurden. Sie wurde die lokale Expertin für Derivate von Malzessig und Einzelheiten zum Thema Kreuzkontamination. Und ich wurde unvermeidlich ein Paradebeispiel für Zöliakie. Ich schrieb Ratgeberkolumnen und moderierte ein Dokumentarvideo. »Es ist keine große Sache«, sagte ich zu mitleidigen Eltern und klagenden Altersgenossen. »Es ist nur Essen. Es ist keine große Sache.«

Aber irgendwie war es das doch.

* * *

Als ich aufwuchs, fiel ich gerne auf. Ich trug regenbogenfarbene Schlafanzughosen in der Schule und spielte in Klassenaufführungen, ich sang Solos bei Versammlungen und meldete mich immer. Ich hatte ein gesundes Selbstvertrauen, das mich durch die Grundschule und Mittelstufe begleitete – ich glättete mein Haar und hielt die Hand meines vorpubertierenden Freundes. Beim Essen saß ich bei *diesen* Mädchen (Eyeliner und Lipgloss), kreischte wie der Rest von ihnen und klaute Jungs die Mützen. Wir wurden alle gern beachtet, aber wenn es um das Essen auf unseren Holzimitattischen ging, wünschte ich mir sehnlichst, in der Menge zu verschwinden.

Als ich in die sechste Klasse ging, waren braune Tüten durch Styroportabletts ersetzt worden. Und nur Schüler mit Duck Boots und Power-Ranger-Shirts brachten Lunchpakete von zu Hause mit. Ich aber holte jeden Nachmittag einen dicken schwarzen Thermosbehälter heraus, bis an den Rand gefüllt mit dampfenden glutenfreien Spaghetti oder Suppe. Manchmal packte mir meine Mutter Reiskeks-Sandwiches oder gekochte Artischocken ein, die ich eilends aß, um der endlosen Kette von nervigen Fragen zu entgehen. *Warum isst du so was? Was ist das für ein komischer Cracker? Krieg ich das auch, wenn ich aus deiner Flasche trinke?* Die meisten Bemerkungen konnte ich mit einem Lachen oder einem Witz abtun. Auf eine Frage allerdings gab es keine einfache Antwort, und ich fürchtete sie wie die unvermeidlichen Krümel meines trockenen Brotes.

Hey, was passiert, wenn du Weizen isst?

Durchfall. Aber das erzählte ich ihnen nicht.

* * *

Meine Mutter unternahm alles Menschenmögliche, um mir solche Momente zu ersparen. Trotzdem waren ihre ernsthaften Bemühungen um Gleichheit für mich oft peinlich. Vor Schulausflügen rief sie meine Lehrer an und gab eine glutenfreie Eistüte ab, für den Fall, dass die Klasse Eis essen ging. »Marina!«, rief die Lehrerin vorne im Bus. »Hier ist die spezielle Eistüte, die deine Mutter abgegeben hat!« Am Abend schrie ich dann zu Hause in der Küche: »Warum machst du das? Warum kannst du nicht fragen? Warum stellst du mich immer bloß?« Und sie stand dann da, mit großen Augen und gekränkt. »Ich dachte, du willst vielleicht eine Eistüte«, sagte sie. »Ich weiß doch, wie gern du Eis in der Waffel magst.«

Thanksgiving war das Gleiche. Um mir das Gefühl zu geben, dass mein Los zwar anders, aber nicht von Nachteil war, buk sie jeden Kuchen in drei Versionen: Kürbis, Apfel und Schokolade mit Pekannüssen. Statt dankbar zu sein, schmollte ich verlegen und schuldbewusst während des

Familientreffens. Mein Onkel Jim kommentierte die Kuchen oft mit den Worten: »Drei glutenfreie Kuchen! Du verwöhntes Mädchen!« Rot vor Wut verschwand ich dann in der Küche, um Karotten zu schneiden oder Servietten kunstvoll zu falten. Es gab kein Entkommen. Bei Ferienlagern und Übernachtungen bei Freundinnen war es ähnlich – Betreuer und Eltern kränkten mich mit besonderen Snacks, die meine Mutter ihnen zugesteckt hatte.

Bei meinem ersten Süßigkeitensammeln an Halloween rief sie sämtliche Nachbarn an, damit sie auch wirklich etwas für mich Verträgliches hatten, und schlug M&Ms und *Skittles* als zwei sichere Beispiele vor. Es muss Stunden gedauert haben, bis sie jede Familie und jeden älteren Mann angerufen hatte, aber mir fiel dazu nichts Besseres ein, als mich sechs Jahre später darüber zu beklagen, dass unsere Gegend immer noch Zöliakie-Straße hieß. »Vergiss es«, sagten meine Freundinnen lachend, als wir älter waren und anstelle von Kürbisbehältern aus Plastik mit Kissenbezügen möglichst viel sammeln wollten. »Wir kriegen sowieso bloß diese blöden M&Ms.«

Aber ich konnte mich nie damit abfinden. Ich definierte mich nie über meine Weizenallergie. In meiner Kolumne beantwortete ich Briefe von Kindern, die sich eingeschränkt fühlten und verärgert waren, die vor Reisen oder einer Essensverabredung Angst hatten. »Es ist nur Essen«, schrieb ich wieder und wieder. »Es ist nicht so wichtig, es ist wirklich nur Essen.« Ich wollte keine drei extra Kuchen und keine besondere Eistüte – ich wollte einfach normal sein und sonst nichts. Ich sah die Aufrichtigkeit hinter den Gesten meiner Mutter, aber sie schien mir übertrieben und unangebracht. Sie war halb fertig mit ihren Recherchen, ob Thunfisch in Dosen glutenfrei sei, bevor ich sie daran erinnern konnte, dass ich den salzigen Geschmack ohnehin hasste. Ich lachte über ihre Liebe und verspottete ihre Bemühungen. Für mich waren sie nicht wichtig. Ich war noch zu jung, um mich in sie einzufühlen.

* * *

Bevor ich ans College ging, bestand meine Mutter darauf, Caterer zu kontaktieren, um herauszufinden, was ich essen konnte und was nicht. Sie rief Firmen an und erkundigte sich nach den Zutaten, stellte ausführliche Listen mit Lebensmitteln auf, die sicher waren oder nicht. Als ich dann in Yale war, gingen die Listen im Reiz des Neuen unter. Ich vergaß, sie zu konsultieren, und hielt mich ans Wesentliche. Reis, Hühnchen, Gemüse, Fleisch. Es gab andere Dinge, die mich beschäftigten: Wie spielt man Bier Pong ohne Bier, wie umgeht man einen Zungenkuss, wenn der Freund spätabends eine Pizza isst? Als ich mein erstes Jahr gut zwei Kilo leichter beendete, war meine Mutter besorgt und erkundigte sich nach den Listen. Ich gestand, dass sie sich nur schwer einhalten ließen, was sie dazu veranlasste, im Sommer vor meinem zweiten Studienjahr den Lebensmittelallergieplan in Yale völlig umzustellen. Mit ihren Referenzen vom Bostoner Kinderkrankenhaus organisierte sie Treffen mit Küchenchefs und Vorgesetzten, führte glutenfreie Müsli und Bagels in den Speisesälen ein und sorgte dafür, dass auf der Informationskarte für jedes Gericht ein »Gluten«-Etikett war. Es war unglaublich. Es war beeindruckend. Wenn ich sie beim Telefonieren beobachtete, entdeckte ich in ihren Augen einen Anflug von Stolz.

* * *

Im vorletzten Jahr zog ich vom Studentenwohnheim in eine eigene Wohnung. Und damit ging ein Abschied vom Speiseplan der Uni einher. Ich würdigte die von meiner Mutter investierte Zeit und Mühe genauso wenig wie seinerzeit die Eistüten und Kuchen. Ich wollte in einem Haus leben. Ich wollte ein größeres Bett. Ich ärgerte mich über die Schuldgefühle, die ich deswegen hatte. Schließlich hatte ich sie nicht *gebeten*, so viel Arbeit zu investieren. Wundersamerweise ärgerte mich ihr Engagement auch weiterhin. Wenn sie nach Yale kam, schleppte sie sechs Tüten mit Lebensmitteln hoch, darunter drei verschiedene Sorten glutenfreie Brezeln.

In den Ferien nahm ich immer zu. Von dem Moment an, wenn mein Auto über das dicke Eis unserer Einfahrt knirschte, bis zu dem Moment, wenn ich wieder abfuhr, bekam ich bei jeder Mahlzeit wahre Schlemmereien vorgesetzt. Ich hasste es. Da ich mich nicht traute abzulehnen, musste ich Unmengen glutenfreier Kost zu mir nehmen. Meine Pläne, jeden Tag zu laufen und die Pfunde abzunehmen, die ich durch das Kioskessen am College zugelegt hatte, wurden in den Winter- und Frühjahrsferien regelmäßig durch ihr üppiges Angebot torpediert. Eines Morgens im April erwartete mich ein Riesenstapel Blaubeerpfannkuchen in der Küche. Ich war immer noch satt vom Hühnchencurry am Vorabend, und beim Anblick des vollen Tellers platzte mir schließlich der Kragen. Meine Mutter stand stumm da, während ich mich bitter darüber beklagte, dass sie mich dick mache. »Hör endlich auf, mich zu bekochen, Mum«, sagte ich mit verzweifelter Kälte. »Wie verdammt soll ich schlank bleiben, wenn du mich ständig mit dem ganzen Essen fütterst?« Zwanghaft entgegenkommend wie sie war, entschuldigte sie sich für ihren Arbeitsaufwand, ihre Bananenmuffins mit Schokosplittern, ihre sehr schokoladigen Walnuss-Brownies. Sie brachte meinen Teller zur Spüle, zog sich in ihr Büro zurück und ließ mich den Tränen nahe in der Küche stehen, in der es noch immer nach gebackenem Ahornsirup roch. Beschämt aß ich einen Joghurt und ging wieder nach oben.

* * *

Ein Jahr später sehe ich meine Ernährung entspannter. Ich gehe Risiken ein, ich vergesse gegenzuprüfen. In Restaurants spreche ich nicht mehr mit dem Koch; in meiner Küche bin ich zu faul, die Pasta in einem extra Sieb abzugießen. Ich küsse meinen Freund, nachdem er ein Bier getrunken hat; ich überprüfe nicht, welche Lebensmittelfarbe im Spiel ist. Meine körperlichen Symptome haben sich weitgehend gelegt, und jede geringste Spur von Gluten in meinem Blut beeinträchtigt mich höchstens in der statistisch etwas höheren Chance auf Krebs. Ich denke nicht an meine Erythrozytenzählung, wenn ich Käse von Tellern esse, auf denen möglicherweise Cracker lagen. Ich bin jung. Mir geht es gut. Es ist nur Essen, sage ich immer und immer wieder. Es ist nicht wichtig, es ist wirklich nur Essen.

* * *

An einem kalten Morgen im Februar ging meine Familie am Tag nach meiner Theateraufführung zum Brunch. Wir stapften durch beiseitegeräumte Schneehaufen und Matsch in ein elegantes Restaurant in der Chapel Street. Ich freute mich darauf, mit meiner Mutter zu reden und sie zu umarmen. Hinter mir lag ein harter Monat mit Mitbewohnerdramen und Sommerplänen, und es war schön, im Schutz der Familie zu entspannen. Als wir bestellten, verlangte ich ein Gemüseomelette mit Bratkartoffeln statt der selbstgemachten Pommes. »Ich bin allergisch gegen Gluten«, fügte ich nach meiner Bestellung hinzu. »Es ist alles in Ordnung, aber vielleicht sagen Sie es dem Koch.« Ich spürte, wie meine Mutter mich über die Winterblumen beäugte. Sie schaffte es, sich zurückzuhalten, bis man uns den Orangensaft in dünnen, zerbrechlichen Gläsern brachte.

»Marina-Schätzchen«, setzte sie an, »wolltest du den Koch nicht bitten, deine Eier in einer sauberen Grillpfanne zu machen?«

»Eigentlich nicht.« Ich spielte mit meiner Gabel.

»Aber was ist mit dem Öl, das sie zum Braten verwenden?« Ich wusste, sie wollte mich nicht bedrängen, wollte ihre inzwischen einundzwanzigjährige Tochter nicht bemuttern.

»Mom, alles ist gut. Zu 99,9 Prozent ist alles gut.«

Aber das genügte nicht.

* * *

An einem verregneten Märzabend war ich spät in meinen Laptop vertieft, als ich auf einen Online-Artikel stieß. Ich versuchte gerade herauszufinden, welche Wodkamarken glutenfrei sind, doch stattdessen fand ich eine Studie über Schwangerschaft und glutenfreie Ernährung. Neuen Erkenntnissen zufolge, hieß es, könne Gluten dem ungeborenen Kind einer Zöliakiepatientin schaden. Selbst eine leichte Erkrankung könne die ausreichende Nährstoffaufnahme des Babys beeinträchtigen. Ich las den Artikel zweimal und stellte mein iTunes leiser. In dem Moment nahm ich mir fest vor, dass ich irgendwann, wenn ich schwanger bin, irrsinnig vorsichtig wäre. Ich würde nur zu Hause gekochten Reis und Gemüse essen – jedes Unternehmen wegen jeder Zutat anrufen und prüfen, gegenprüfen und noch mal prüfen. Dann fing ich an zu weinen.

* * *

In irgendeinem Sommer schaute sich meine Mutter mit mir im Wohnzimmer alte Familienvideos an, und wir stießen auf einen Film meiner ersten Geburtstagsfeier. Ich sitze mit einem spitzen Papierhütchen auf einem Hochstuhl, meine Familie und Freunde sind lachend und winkend um mich versammelt. Dann wird es dunkel, und meine Mutter kommt herein – eine jüngere, langhaarigere Mutter mit vollen Wangen und strahlenden Augen. Eine herrliche Torte mit brennenden Mickymaus-Kerzen erhellt ihr Gesicht und das kleine Esszimmer. »Happy birthday to you«, singen alle. »Happy birthday to you.« Aber meine echte Mutter, meine ältere, dünnere Mutter hielt sich die Hand vor den Mund und starrte mit feuchten Augen auf den Bildschirm.

»Ich vergifte dich«, flüsterte sie und schüttelte den Kopf. »Ich vergifte dich, Marina. Ich vergifte dich.« Ich ging zum Videorekorder und schaltete aus.

»Ist schon gut, Mom«, sagte ich. Aber sie war außer sich.

In dem Moment musste ich an die Geschichten denken, die mein Vater über die Monate erzählte, die ich als kleines Kind in Krankenhäusern und Wartezimmern verbracht hatte. Er hatte meine Mutter immer gedrängt, zu Hause oder in der Besucherstation zu schlafen, doch davon wollte sie nichts wissen. Jede einzelne Nacht schlief sie aufrecht und unbequem auf einem Stuhl im Krankenzimmer.

* * *

Neunzehn Jahre später liege ich in meinem zu großen Bett in New Haven, ziellos und schlaflos. Ich gehe auf Facebook. Ich checke meine E-Mails. Ich denke an die M&Ms und die Snacks bei Freundinnen, die Eistüten auf Ausflügen und die Kuchen an Thanksgiving. Die Tausende von Brownies, die sie gebacken, und die Telefonanrufe, die sie gemacht hat. Ich denke an Blaubeerpfannkuchen und Gemüseomeletts, Krankenhausbetten und meine erste Geburtstagstorte. Ich lese den Artikel noch einmal, bevor ich das Licht ausschalte. Wenn ich schwanger bin, nehme ich mir vor, werde ich nur gekochten Reis essen.

Wie die Eschatologie wieder Spaß machen kann

Falls Sie es noch nicht wissen: Die Sonne wird sterben.

Wenn ich an die Zukunft denke, denke ich nicht an unabwendbare Szenarien. Aber selbst wenn wir das Problem der globalen Erwärmung lösen, unsere Atombomben zerstören und die Bevölkerung kontrollieren, wird sich die Menschheit letztlich selbst auslöschen, wenn sie hierbleibt. Irgendwann wird es nicht mehr möglich sein, auf der Erde zu leben: Es gibt einen Riesenfeuerball, eine Uhr, die von Dämmerung zu Dämmerung abläuft.

In vielerlei Hinsicht glaube ich, dass die Sterblichkeit erträglicher wird, wenn wir uns unserer ewigen Substanz bewusst sind, unserer Erbanlagen und allem anderen, das nach uns fortbesteht. Trotzdem werden schon bald die Bücher, die wir schreiben, und die Pflanzen, die wir züchten, erkalten und in Dunkelheit verrotten.

Aber vielleicht gibt es Hoffnung.

Letztendlich läuft alles darauf hinaus, ob ein Planet eine Lebensform entwickeln kann, die intelligent genug ist, eine Technologie zu schaffen, die es ermöglicht, dieses Leben vom Planeten wegzutransportieren und aufrechtzuerhalten, ehe die Sonne im Solarsystem dieses Planeten detoniert. Mir steht nur eine begrenzte Reihe von Vergleichsdaten zur Verfügung, aber ich würde sagen, im Augenblick stehen wir gar nicht schlecht da. Wir verfügen bereits über (intelligentes) Leben, Technologie und eine (primitive) Raumfahrt. Und uns bleibt noch etwas Zeit, ehe unserer Sonne der Wasserstoff ausgeht und sie zur Atombombe wird.

Das alles aber kommt nur zum Tragen, wenn wir eine nachhaltige Art des Lebens und Reisens im Weltall entwickeln. Vielleicht gelingt uns das. Wenn wir an diesen Punkt gelangen, haben wir meiner Ansicht nach eine wichtige Schwelle überschritten, die uns in den (seltenen) evolutionären Zustand versetzt, die ureigene Lebensquelle, aus der wir entstanden sind, überdauert zu haben.

Das ist natürliche Selektion auf universaler Ebene. »Die Entstehung der Außerirdischen«, könnte man sagen; ein Überleben der am besten angepassten Planeten. Planeten, denen es durch die Schaffung von intelligentem Leben gelingt, vor dem Erlöschen der Lichter zu verschwinden. In Ermangelung eines Gottes wird die NASA mein Anti-Nihilismus. Wenn ich allein an meinem Laptop sitze, machen mich solche Gedanken bescheiden, bis hin zur Apathie. Als ich in meinem zweiten Studienjahr den Kurs »Galaxien und das Universum« und parallel dazu »Einführung in Internationale Beziehungen« belegt hatte, erschien mir Letzteres vergleichsweise lachhaft.

Vor ein paar Tagen allerdings kam mir abends so ein Gedanke. Mein Instinkt sagt mir natürlich, dass sich unser

Planet als einer von vielen in einem evolutionären Wettlauf gegen seine Sonne befindet – als nur einer im galaktischen darwinschen Rennen. Aber vielleicht stimmt das ja nicht. Vielleicht ist das ganze Gerede über die Existenz von Außerirdischen nur Quatsch, und wir sind auf wundersame und schöne Weise allein in unserem biologischen Erfolg. Was ist, wenn wir gewinnen? Was ist, wenn wir tatsächlich die am weitesten entwickelten intelligenten Wesen in diesem ganzen Urknallchaos sind? Was ist, wenn andere Planeten nur Bakterien und einzellige Genotypen haben, aber sonst nichts?

Wenn dem so ist, verpflichtet das umso mehr. Die Menschen allein können den Wettlauf gegen die gigantische Gaszeitbombe gewinnen und das universale Olympische Feuer tragen. Was für eine Ehre. Was für eine Verantwortung. Was für ein großartiges Geschenk, dass wir geboren wurden in einer Atmosphäre mit Sauerstoff und Kohlendioxid, mit Millionen von Jahren und Phänotypen, die uns mit immer wiederkehrender Energie anfeuern.

Die Sache ist die, ich glaube, wir können das schaffen. Ich glaube, wir können uns in Raumschiffe zwängen, bevor es zu kalt wird.

Ich hoffe nur, dass wir das Ganze nicht vorher in den Sand setzen. Denn Millionen von Jahren sind eine lange Zeit, und ich möchte das Universum nicht enttäuschen.

Ich töte für Geld

Tommy Hart lässt eine tote Maus am Schwanz hin und her baumeln und grinst.

»Ooo, ein *corpus delicti*, wie köööstlich«, gurrt er, taucht unter der Spüle auf und leckt sich die Lippen. »Nagetier *à la carte* gefällig?« Tommy lacht lauthals über seinen eigenen Witz und betrachtet mit seinen vor Aufregung großen blauen Augen die vor kurzem in der Falle gefangene Maus. Es ist 9.30 Uhr am Morgen in Larry's Lakeside Diner in Chicago, und die bereits drei toten steifen Mäuse in seinem schwarzen Beutel versetzen Tommy in gute Stimmung. »Und deshalb, meine Freunde«, erklärt er den vier jungen um ihn gescharten Köchen, »nennt man mich Mr Death.« Er verstummt, blickt in die Runde und summt dann die Titelmelodie von *Der weiße Hai*. Thomas H. Hart ist selbst für einen dreiundsechzigjährigen Kammerjäger ziemlich komisch.

»Ich weiß nicht, ob ich froh sein soll, dass Sie welche fangen, oder sauer, weil Sie ständig neue finden«, sagt ein großer, unrasierter Mann, auf dessen bedrucktem Namensschild CHEFKOCH steht. Mit ambivalentem Vergnügen beobachtet er, wie sein Kammerjäger auf allen vieren über den Küchenboden robbt. Im vergangenen Jahr hatte Larry's Diner »ein ziemliches Problem« mit Mäusen. Larry rief Tommy vor ungefähr zwei Monaten an. Seitdem kommt er jede Woche.

»Larry, Larry«, erwidert Tommy, zieht mit einer Hand seine alte Jeans hoch und schaut den Chefkoch an, »Ihre Küche ist im Nu picobello.« Dann blickt er wieder nach unten und stößt einen keuchenden Lachschwall aus.

Trotz der Tageszeit wirkt die unordentliche Küche von Larry's Diner ziemlich trüb. Tommy richtet den gelben Lichtstrahl seiner dreißig Zentimeter langen Taschenlampe zwischen große Mayonnaisegläser, um den Rest seiner ausgelegten Mausefallen zu überprüfen. Der Fußboden hätte dringend eine Reinigung nötig. Ein säuerlicher Sumpfgeruch vom nahe gelegenen See hängt in der Luft und liefert das passende Ambiente für Tommys seemännisch angehauchte Erscheinung. Er trägt eine griechische Fischermütze mit einem metallenen Anstecker, einem Fischgerippe, weil er das irgendwie »stimmig« findet. Graue Locken sprießen unter dem Mützenrand vor und umrahmen sein Gesicht – eine Ergänzung zu den unzähligen Lachfältchen. Er ist braungebrannt, hat tiefliegende Augen, buschige graue Brauen und einen Walrossschnurrbart. Unter seiner schwarzen Windjacke mit dem Aufdruck BEEFEATER über der linken Brust ist ein rotgelb-blau- und grüngestreifter Pullover sichtbar.

Tommy ist seit ungefähr vierzig Jahren im Kammerjägergeschäft. »Wanzen, Mäuse, Ratten, Eichhörnchen,

Vögel; was immer du willst, ich bringe es um.« Tommy strahlt. »Warum aufhören?« Er zuckt die Schultern. »Ich mach das einfach gern.« Früher war er bei einer Schäd-lingsbekämpfungsfirma beschäftigt, deren Gebäude je-doch von der Bundessteuerbehörde gepfändet wurde, und so gründete er zusammen mit einem Kollegen, Chris O'Leary, ein eigenes Geschäft. »Wir haben unser Geld zu-sammengeschmissen und alles fifty-fifty geteilt. Ein echt netter Bursche, dieser O'Leary. Die eigene Firma war das Beste, was mir je passiert ist.« Sein Lächeln verschwindet, als er hinzufügt: »Mein Partner ist allerdings vor ein paar Jahren gestorben.« Tommy, dem in einer ernsten Atmo-sphäre nicht ganz wohl ist, wechselt schnell die Stim-mung. »Er ist an einer hämorrhagischen Pneumonie ge-storben, einer Viruserkrankung. Am Ende hat ihn also ein Bazillus heimgeholt.« Er grinst breit, doch das Lächeln schafft es nicht ganz bis in seine Augen.

»Hey, Tommy, ich geh den Weg freischaufeln«, ruft Larry aus dem Gästebereich des Restaurants. »Ruf mich, wenn du den Schlüssel für den Geräteschrank brauchst.«

»Si, Senor«, ruft Tommy zurück und öffnet die dunkel-grüne Werkzeugkiste, in der er seine Utensilien aufbe-wahrt. Die Taschenlampe zwischen den Zähnen, holt er mehrere Victor-Mausefallen und Klebefallen heraus. Er summt unmelodisch vor sich hin, während er mit seinen rauen Händen flink und unerschrocken eine Mausefalle öffnet und spannt. »Das ist meine Visitenkarte«, scherzt er, zeigt die rechteckige Falle und sagt im schmierigen Ton-fall eines Autoverkäufers: »Ich führe ein echtes Schnäppchen-Geschäft.« Tommy lacht wieder los, öffnet ein anderes Fach seiner Werkzeugkiste und entnimmt seinen geheimen Mäuseköder: Slim Jims. Der beißende Geruch und die klebrige Beschaffenheit, erklärt er, seien perfekt für die Fallen. »Warum den Schmarotzern nicht gleich ein bisschen Cholesterin verpassen, wenn wir schon dabei sind?« Auf Händen und Füßen kriechend, sucht Tommy mit großen Augen unter Regalen und hinter riesigen Herden nach möglichen Spuren von »Schwarzem Reis«, sein Euphemismus für Maus- und Rattenkot.

Die Schädlingsbekämpfungsindustrie hat sich seit Tommys Einstieg vor vierzig Jahren enorm verändert. »Viele Chemikalien und Geräte, die wir verwenden, und auch die Herangehensweise an die Schädlingsbekämpfung sind heutzutage völlig anders.« Tommy kneift die Augen zusammen und späht unter den gewaltigen Kühlschrank. »Noch so ein kleiner Scheißer! Die müssen Larrys Kochkünste wirklich lieben«, ruft er aus und beugt sich nach unten, um die tote graue Maus zu befreien. Mit seinen lila OP-Handschuhen (die er aufregender findet als durchsichtige) und leuchtenden Augen untersucht er den Körper seines Opfers, bevor er es in seine Tasche fallen lässt. »Wie auch immer«, fährt er fort, »heute lautet das Modewort: integrierte Schädlingsbekämpfung. Das ist im Wesentlichen eine Methode der Schädlingsbekämpfung, bei welcher der Einsatz von Chemikalien als letzter Ausweg gilt; mit anderen Worten, man erzieht die Leute dahingehend, ihre Sachen gut zu versiegeln« – er verstummt kurz und wischt das getrocknete Blut von der gebrauchten Falle –, »alles auf eine umweltfreundlichere Art zu handhaben, zu einem ordnungsgemäßen Umgang mit sanitären Anlagen und dem Schließen von Löchern. Im Grunde geht es nur darum, Situationen zu vermeiden, die Tieren und Insekten den Zugang ins Haus erleichtern.«

Tommy hätte vermutlich nichts gegen Nager oder Käfer in seinem Haus. Seine Vorliebe für die Kammerjägerei geht zurück in die Kindheit, schon damals begeisterte er sich für Insekten und Natur. »Mir machen solche Sachen keine Angst. Ich war schon früh mit der Natur vertraut und sehr an ihr interessiert. Ich habe oft Käfer gesammelt und sie in kleine Gläser gesteckt.« Er wackelt mit dem Schnurrbart und macht große Augen. »Im Ferienlager haben meine Freunde und ich immer mit Schlangen gespielt. Wir haben Frösche im Teich gefangen und zugeschaut, wie die Schlangen sie mit dem Kopf voraus lebendig verschlungen haben.«

Das Schönste an seinem Job ist für Tommy der Umgang mit Tieren und das Erledigen dieser etwas ekligen Arbeit. »Als ich in das Geschäft eingestiegen bin, war ich ungefähr sechs Monate lang Kammerjäger, dann wurde ich befördert und war im Büro für Papierkram und andere Sachen zuständig. Natürlich war das besser bezahlt, aber ich hab's nicht ausgehalten. Manche Leute sind hinter Geld her, manche nicht.« Er verstummt und stellt die Falle auf. »Die Probleme von anderen zu lösen ist für mich befriedigend und die mit Abstand dankbarste Aufgabe.«

Tommy steht wieder auf, atmet tief ein, stößt dann schnell die Luft aus, rückt seine Matrosenmütze zurecht und hebt die linke Hand zum Salut. »Weiter nach My Lai!«, befiehlt er. »Der Feind kommt erst noch!« Er marschiert zur Geräteschranktür und stellt klappernd seine Werkzeugkiste ab. »Hmm, hmm, hmm«, summt er und neigt den Kopf vor und zurück: »Türschlüssel, Schmierschlüssel.« Geschickt lässt er die Klinge eines Schweizer Armeemessers aufschnappen und schiebt sie durch die Ritze zwischen Tür und Wand. »Voilà.« Tommy strahlt, und die Tür springt augenblicklich auf.

»In Kammern verwende ich grundsätzlich Papierklebefallen«, erklärt er auf dem Weg in den mit Regalen gesäumten Raum. »Wenn die Leute eintreten, ist es normalerweise ziemlich dunkel, und wir wollen ja nicht, dass ihnen die Zehen weggeschnappt werden, oder?« Er grinst. »Die Mäuse wandern auf das Papier, dann kleben ihre Nasen und Füße fest. Nach ungefähr zehn Minuten Breakdance beruhigen sie sich und ersticken, weil sie nicht mehr atmen können.« Er schließt die Kammertür hinter sich und schaltet seine Taschenlampe ein, die sein Gesicht unheimlich von unten beleuchtet. »Stehen *Sie* auch auf Breakdance, meine Liebe?« Er schnippt die Glühbirne in der Kammer an, und sein Lachen hallt in dem kleinen Raum wider.

Tommy räumt ein, dass den meisten Leuten Insekten nicht ganz geheuer sind, und ihm ist klar, dass sein Humor sie beschwichtigt und seine Frohnatur dem Geschäft zugutekommt. Trotzdem ist sein Sinn für Humor nicht immer von Vorteil gewesen. »Wissen Sie, in meiner ersten Firma bin ich fast rausgeflogen. Ich sollte eine dreißig bis fünfundvierzig Minuten lange Diskussion über Fledermausbekämpfung führen, und als ich zum Podium ging, hatte ich einen Holzhammer, drei Holzpfähle, einen schwarzen Umhang und das Alte Testament dabei.« Er kichert und hält dann inne, um sich zu sammeln. »Ich fand das einfach urkomisch. Mein Chef leider nicht.«

Auch wenn Tommys Kunden durch die Bank zustimmen, dass er ein lustiger Bursche ist, treibt er es für einige oft zu weit. »Tommy ist zum Schießen«, sagt Larry, »aber manchmal habe ich den Eindruck, er macht sich stellvertretend für andere über seine Branche lustig. Sicher, er ist toll, verstehen Sie mich nicht falsch. Aber irgendwie glaube ich, dass er sich auch ein bisschen schämt.« Larry schaut über beide Schultern, bevor er leise fortfährt. »Im Ernst, schauen Sie sich seinen Truck an. Keine Aufkleber, nichts. Einfach nur weiß. Er reißt vielleicht Witze darüber, aber auf dem Heck ist keine aufgemalte Kakerlake.«

Tommy weiß selbst, dass er sich manchmal hinter seinen Witzen verschanzt. »Die meiste Zeit nehmen mich die Leute so wahr wie ich mich auch, aber mitunter war man durchaus grob zu mir.« Er stockt, will etwas anderes sagen und hält inne. Sein Körper spannt sich an, und er reibt sich die Hände wie in unsichtbarem Wasser. »Na ja, wahrscheinlich könnte man sagen, dass mir mein Humor oft als Abwehrmechanismus dient.« Er verstummt wieder, als würde er darüber nachdenken, ob das auch stimmt. »Es gibt alle möglichen Leute und Themen, mit denen man in so einem Job konfrontiert wird. Manche Leute gehen sehr nett auf einen zu. Andere dagegen, nun ja, andere eher nicht.« Er zuckt die Schultern, schüttelt den Kopf und wendet den Blick ab. »Manche Leute sind sehr voreingenommen.«

Tommy befingert das Fischgerippe an seiner Mütze und lacht verlegen. »Tja, die Kakerlake auf Rädern ruft!«, sagt er, in Anspielung auf den Spitznamen für seinen Truck. »In Washington Heights wartet ein fieser Fall von Bettwanzen, und diese Küche ist fürs Erste picobello.« Er kichert, ohne offenbar zu merken, dass man den Witz schon kennt. Larry gesteht, dass Tommys Witzrepertoire einer »wiederholten Sitcom« gleicht. Tommy packt seine Sachen zusammen und stapft durch die Hintertür des Diners hinaus in die kalte Chicagoer Luft.

Tommys alter werbefreier Truck steht perfekt geparkt auf einem der vielen freien Plätze. Im Gegensatz zu der weißen, makellosen Karosserie ist das Innere des Fahrzeugs ein Spiegelbild von Tommys einzigartiger Persönlichkeit. Die Ladefläche dient als Stauraum für Fallen, Netze, Handschuhe, Bauwerkzeuge, klebrige Bretter, Pheromonfallen, Sprays und über zwölf verschiedene Giftsorten. Den vorderen Bereich ziert eine Reihe von Aufklebern, die nur Tommy sehen kann. Ironischerweise scheinen die meisten für andere Fahrer gedacht. HUPE KAPUTT. BITTE AUF FINGERZEIG ACHTEN, heißt es auf einem. VORSICHT: VERWECHSLE ROT-GRÜN auf einem anderen. Vom Rückspiegel hängt ein kleiner ausgestopfter Papagei, der Sachen wie »Zeig mir deine Titten!« und »Polly will einen Keks im Arsch!« quäkt, wenn man ihn drückt. Auf der Fahrerseite ist das Dekor ernsthafter.

DAS DIENSTLEISTUNGSGEWERBE MEINT ES ERNST, steht auf einem Sticker. Ein 20.1.09: BUSHS LETZTER TAG-Sticker klebt nur wenige Zentimeter von einem, auf dem steht: NICHT NOCH EIN VIETNAM: STOPPT DEN KRIEG IM IRAK.

Als liberaler Demokrat ist Tommy immer gegen Krieg gewesen. Dennoch wurde er im Winter 1967, im Alter von zweiundzwanzig Jahren, in die US-Army eingezogen. Bis zu diesem Zeitpunkt hatte er sich schwergetan, seinen Platz in der Gesellschaft zu finden. Er besuchte vier verschiedene Schulen: North Shore Country Day, Notre Dame, Deerfield High School und Culver Academy in Indiana – eine für jedes Highschool-Jahr. »*Magna cum laude* waren drei Worte, die ich in meiner schulischen Laufbahn nie gehört habe«, kichert er. »Ich war nicht die größte Leuchte.« Nach der Schule besuchte Tommy das College in San Francisco, wo er dem »ganzen Sixties-Ding« begegnete. »In Kalifornien«, erklärt er, »war ich ziemlich gut mit so einer Hippiekommune befreundet. Ich weiß noch, wie ich einem Typen dort erzählte, dass man mich gerade eingezogen hat. Klar, ich hätte nach Kanada abhauen und untertauchen können, aber das bin ich nicht. Das hab ich einfach nicht gebracht.«

Obwohl er von 1967 bis 1970 in der Armee diente, war Tommy nie in Vietnam. Als einer von nur zweihundert eingezogenen Männern, die nicht in den Krieg mussten, war er in einer kleinen deutschen Stadt stationiert, wo er auf Skiern Patrouille fuhr. »Ich bin ein Veteran der Vietnamära, aber kein richtiger Vietnamveteran. Einer, der im Computer als Nummer geführt wurde. Ich hatte verdammtes Glück, so viel steht fest. Ich musste nur auf Skiern herumfahren. Hah! Ziemlich gute Art, meine Zeit abzuleisten.« Tommy atmet tief ein und seufzt. »Aber das ist Vergangenheit und spielt heute keine Rolle mehr, außer dass ich mir die Haare abschneiden musste. Damals hatte ich einen Afro. Natürlich hab ich immer noch jede Menge Haare. Ich bin dreiundsechzig, und schau dir die Matte an.« Tommy greift sich zwei graue Lockenbüschel und zieht sie nach außen. »Ich seh nicht aus wie dreiundsechzig, ich fühl mich nicht wie dreiundsechzig, ich verhalte mich nicht wie dreiundsechzig, und es ist mir egal. Alter ist reine Einstellungssache, meine Liebe.« Nach einer langen Pause empfindet Tommy seine ernsthafte Stimmung wohl etwas unheimlich, er unterbricht den Augenkontakt und reißt den Kopf nach rechts. »Ha! Hab ich Ihnen schon erzählt, dass meine Freunde mich Mr Death nennen? Das ist wichtiger. Schreiben Sie das auf, meine Liebe, schreiben Sie das auf.«

Tommy startet seinen Truck und fährt langsam aus dem windigen Hafen in südlicher Richtung nach Washington Heights. An einem durchschnittlichen Tag arbeitet er zwischen sechs und zehn Stunden und erledigt dann fünf bis sechs Aufträge. Zu seinen Kunden gehören große Firmen, Bürogebäude, Schulen, Restaurants und Wohnheime. Er organisiert sich den Tag gern so, dass er in der Stadt beginnt und sich durch die Vororte in Richtung nach Hause arbeitet, wo er zwei Kinder großgezogen hat und jetzt nur noch mit seiner Frau Janice lebt.

Tommys Frau bewundert seine Leidenschaft für kleine Tiere. Sie räumt allerdings ein, dass er mitunter »ein bisschen obsessiv« sein kann. »Wenn ich zum Beispiel um ein Uhr nachts runtergehe, um Wasser zu holen, sitzt er ganz aufgeregt vor irgendeinem Dokumentarfilm auf Discovery Channel über Spinnenpaarung oder Wühltechniken von Kakerlaken.« Sie hält inne, lächelt ein wenig und streicht über ein dunkelrotes Muttermal auf ihrer linken Wange. »Es ist weniger seine Sucht nach Insekten als seine vielen Witze. Oh, Mann, tagein, tagaus – er selbst ist sein größter Fan und bepisst sich alle paar Minuten.«

Tommy hat eine andere Sicht auf seine Ehe. »Die Insektenwelt ist matriarchalisch. Das heißt, die Königin ist die höchste Regentin.« Er kichert. »Aber in meinem Haus läuft das anders. Meine Philosophie gegenüber meiner Frau lautet: ›Jeden Tag eine ordentliche Tracht Prügel, bis die Moral sich bessert.‹« Er presst die Hände zusammen, dass die Knöchel knacksen, hebt sie dann aber in einer unterwürfigen Geste hoch und sagt lachend: »War nur Spaß, war nur Spaß. Oh, Mann, wenn Sie wollen, erzähle ich Ihnen eine Million, ach was, hundert Millionen Witze. Hey, was kommt dabei heraus, wenn man einen Tausendfüßler und einen Papagei kreuzt? … Ein Walkie-Talkie!« Er wirft den Kopf zurück und keucht vor Lachen.

Tommy trinkt einen Schluck von einem Mister-Donut-Kaffee, stellt das Radio an und wippt mit dem Kopf zu einem ruhigen Jazzsong. Er biegt scharf nach links und hält neben einer heruntergekommenen vierstöckigen Apartmentanlage. Bunte Graffiti zieren das Erdgeschoss, und über dem Eingang hängt eine große weiße Fahne mit der Aufschrift: APARTMENTS ZU VERMIETEN. NÄHERE INFORMATIONEN UNTER TEL. 773–555–0962. Er trinkt noch einen Schluck Kaffee, schaltet mit einer flinken Drehung des Handgelenks das Auto aus, und die Musik verstummt. »Willkommen in der verlassenen Stadt«, sagt Tommy leise mit sarkastischem Unterton. »Dem Tor zum Downtown-Ghetto.«

Der Vermieter rief Tommy vor ein paar Tagen an und bat ihn verzweifelt, »so schnell wie möglich« zu kommen, um sich des Bettwanzenbefalls in einem Apartment anzunehmen, das er vermieten will. »Bettwanzen breiten sich immer rasanter aus«, erklärt Tommy und holt sein Werkzeug hinten aus dem Truck. Sie ähneln kleinen schwarzen Zecken, die in den Ritzen und Federn von Matratzen leben und sich von menschlichem Blut ernähren. »Wenn man überall im Bett kleine rote Punkte sieht, hat man ein Problem. Das ist ihr Kot«, lacht er rau. »Widerlich, oder?« Er geht über braune Schneehaufen zur Hintertür der Anlage und klopft.

Ein Mann mittleren Alters mit Stirnglatze öffnet die Tür und mustert Tommy von oben bis unten.

»Ich nehme an, Sie sind der Schädlingsbekämpfer«, sagt er mit starkem Akzent.

»Genau, der bin ich.« Tommy lächelt und streckt die Hand aus: »Thomas H. Hart: Ich töte für Geld.« Der Vermieter lacht nicht und nimmt auch nicht Tommys Hand.

»Wie ich schon am Telefon sagte, wir brauchen eine Sprühbehandlung in C3 im zweiten Stock.«

»Na, zum Glück muss ich nur eine Wanze erwischen, der Rest kommt dann aus dem Bett und geht zu ihrer Beerdigung.« Tommy biegt sich vor Lachen und lässt fast seine Kiste fallen.

»Hören Sie, ich hab noch jede Menge zu tun, bis ich die Dinger vermieten kann«, sagt der Hausbesitzer kühl und rückt seine verschossene blaue Krawatte zurecht. »Lassen Sie einfach die verdammten Wanzen verschwinden. Wenn Sie mich brauchen, ich bin im Büro.«

Tommy steht reglos da, die Lippen fest zusammengepresst. Wortlos stößt er die Tür auf und stapft mit der schweren Druckspeicherspritze in der rechten Hand im muffigen Treppenhaus nach oben. Im zweiten Stock klebt er Warnhinweise an sämtliche Türen des scheinbar leeren Gebäudes, noch immer in wütendem Schweigen.

»Tut mir leid, das eben«, sagt er schließlich. »Manchmal bin ich einfach verdammt wütend auf die Leute.« Energisch nimmt er seine Mütze ab und steckt sie in die Tasche. Er atmet tief ein und lächelt jetzt wieder gelassen. »Egal. Ich will nicht darüber reden. Kein Mensch will von meinen albernen Gefühlsausbrüchen lesen. Das interessiert keinen.«

Aus einem großen schwarzen Seesack zieht Tommy ein Paar dicke Handschuhe und eine Rolle Klebeband. Nachdem er sich die Hemdärmel und Hosenbeine luftdicht verklebt hat, schlüpft er in die Handschuhe und stülpt sich eine Gasmaske Modell Erster Weltkrieg über. In seiner Montur wirkt er irgendwo zwischen furchterregend und komisch. »Blutsaugende Bettwanzen«, sinniert er, und durch den Luftfilter der Maske klingt seine Stimme seltsam mechanisch und gedämpft. »Klingt wie aus einem gruseligen Horrorfilm.« Er legt eine Pause ein und zeigt auf seine exzentrische Erscheinung. »Obwohl, sehen Sie mich an. Wahrscheinlich würde ich gut dazupassen.« Ein Lächeln umspielt seine Lippen.

»Auf nach My Lai!«, erklärt Tommy plötzlich. »Der Feind liegt vor uns!« Er hebt die linke Hand zum Salut und marschiert in das staubige, leere Apartment. Ein Fenster ist die einzige Lichtquelle, und durch die niedrige Decke, den feuchtkalten Geruch und die mit Tüchern abgedeckten Möbel erinnert der Raum an einen alten Dachboden. In der linken Ecke liegt einsam und opfergleich eine große Matratze, ungeschützt und nackt bis auf ein paar rätselhafte Flecken. Tommy stellt die schwere B & G-Spritze auf den alten Holzfußboden und erklärt lachend, dass er keine Ahnung hat, wofür die beiden Initialen stehen. Das Gerät erinnert an eine wunderlich geformte Tauchflasche: ein fast fünfzig Zentimeter langer Metallzylinder mit drei roten Düsen am oberen Ende. In der Mitte dieser drei Düsen ist eine Goldpumpe, mit deren Hilfe der Druck des Sprays erhöht und neues Gift nachgefüllt werden kann. Auf dem Weg zum Bett lädt Tommy das Pestizid in die Flasche und pumpt den Goldhebelarm ungefähr zehnmal nach unten, ehe er einen der roten Schläuche nimmt und über die kahle Matratze hält. »Ich kann nicht fassen, dass ich das mit dreiundsechzig immer noch mache.« Tommy lacht. »Hab ich Ihnen schon gesagt, dass ich dreiundsechzig bin? Ich glaube nicht. Ich seh nicht aus wie dreiundsechzig, ich fühl mich nicht wie dreiundsechzig, ich verhalte mich nicht wie dreiundsechzig, und es ist mir egal.«

Tommys Tochter Anna, die mittlerweile in Arizona lebt, erklärt: »Gewöhnlich rufe ich einmal pro Woche zu Hause an, und dann erzählt mir Dad oft zweimal dieselbe Geschichte in einem Gespräch.« Sie verstummt. »Er hat schon immer gern Witze gemacht, aber inzwischen kommt noch mehr dazu.« Sie hält wieder inne und lacht dann leicht. »Ich verstehe wirklich nicht, warum er immer noch arbeitet. Vierzig Jahre ... Vierzig Jahre Ungeziefer und Ratten töten. Also, mir ist das ein Rätsel.«

Mit einem Kammerjäger als Vater aufzuwachsen war für Anna und ihren Bruder Kevin immer etwas peinlich. »Ich weiß noch«, erzählt Tommy, »als Anna acht war und es ›Bring deine Tochter mit zur Arbeit-Tag‹ war. In den Achtzigern war das eine große Sache«, sagt er schmunzelnd. »Jedenfalls weiß ich noch, dass Anna an dem Morgen beim Frühstück meinte, sie will nicht mitkommen.« Tommy lächelt verhalten, schüttelt aber ungläubig den Kopf und schließt kurz die Augen. »›Dad-dyyy, Insekten sind eklig. Warum kannst du nicht Pilot oder Arzt oder irgendwas ähnlich Cooles sein?‹ Ich hab mich nicht mit ihr gestritten, sondern sie einfach in die Schule gehen lassen.« Er seufzt. »Ich hab ihr gesagt, es tut mir leid, dass ich keinen cooleren Job habe.«

Behutsam und langsam desinfiziert Tommy das Bett, indem er das klare, geruchlose Gift über das Gestell, die Ränder und dann die Mitte sprüht. Als er nah genug an der

Matratze ist, sieht er, wie sich die winzigen schwarzen Wanzen ein paar Sekunden lang qualvoll drehen und winden, ehe sie reglos verenden. »Im Freien würde ich Insekten nie umbringen. Es ist nicht gerade schön, sie zu töten.« Tommy betrachtet ein besonders zähes Exemplar. Während er am Bett auf und ab geht, wechselt er zwischen den drei roten Düsen, die jeweils in einer anderen Form sprühen: fächerartig, neblig und strahlförmig. »Alle Insekten und Nagetiere spielen im Plan von Mutter Natur eine Rolle. Es ist eine Gratwanderung. Eigentlich könnte ich dafür verhaftet werden, weil ich das Gesetz breche, aber wenn ich bei jemandem im Haus Eichhörnchen fange, schmuggle ich sie meistens in mein Auto und lass sie irgendwo im Wald frei. Laut Gesetz müssten sie ertränkt werden, aber das bring ich einfach nicht fertig.« Tommy seufzt und schaltet die Spritze aus, ein neues Schweigen erfüllt den Raum. »Das sollte genügen«, erklärt er, tritt zurück, um sein Werk zu begutachten, und geht dann zur Wand neben dem Bett. Seine blauen Augen blicken durch die beschlagene Gasmaske aus dem Milchglasfenster auf die Straße. Er geht noch näher ran und presst die Hände an die kalte Scheibe, um sie von der Hitze der Maschine abzukühlen. »Ich weiß nicht«, seufzt er. »Ich weiß einfach nicht.«

Plötzlich hebt er seine Sachen auf und geht langsam die Treppe hinunter. »Ich bin ehrlich, ich komme nie zu spät, ich respektiere die Leute, ich gebe mein Bestes, ich bin freundlich, ich liebe meine Frau und meine Kinder«, wettert er auf dem Weg vom Gebäude zu seinem Truck. »Aber keiner will Insekten um sich haben, und deshalb will auch keiner *mich* um sich haben.« Tommy schüttelt den Kopf und stellt seine Sachen in den Truck. »Ich meine, warum ist der wohl unbeschriftet?« Er zeigt mit wedelndem Arm auf sein Auto. »Weil es den Leuten peinlich wäre, wenn er auf ihrem Parkplatz steht, darum.« Er schüttelt den Kopf, legt eine Pause ein und seufzt. »Ehh, blöder Hausbesitzer. Ist sowieso nur ein Arsch. Warum reg ich mich auf?« Tommy lächelt, und sein Körper entspannt sich wieder. »Hey, den hab ich Ihnen noch nicht erzählt, meine Liebe. Was kommt dabei heraus, wenn man einen Tausendfüßler und einen Papagei kreuzt? ... Ein Walkie-Talkie!« Er gluckst und biegt sich vor Lachen. Dann rutscht Tommy auf den Fahrersitz, schließt die Tür und versiegelt die reinweiße Hülle um sich.

Sogar Artischocken haben Zweifel

Wenn es in diesem Jahr so läuft wie in den letzten zehn, gehen rund 25 Prozent der Yale-Absolventen in den Consulting- und Finanzsektor. Das ist krass. Ziemlich krass. Es sind so viele Leute! Ein Viertel unserer Leute. Egal, was man darüber denkt, wir sollten kurz innehalten und über die Gründe nachdenken.

Ich behaupte nicht, dass ich mehr über diese Branche weiß als der Rest von uns. Wahrscheinlich weiß ich sogar weniger. (Laut Internet ist ein Berater »jemand, der jemanden oder etwas berät«.) Aber ich weiß sehr wohl, dass mich diese Statistik total schockiert. Es ist bemerkenswert, wenn an einem Ort wie Yale, mit so grundverschiedenen und buntgemischten Leuten, ein so hoher Prozentsatz in ein und dieselbe Richtung denkt – besonders in etwas so Wesentlichem wie den Plänen nach dem Studium.

Ich will das verstehen.

* * *

Im Frühjahr meines zweiten Studienjahres bekam ich meine erste E-Mail von McKinsey & Company. »Liebe Marina«, hieß es, »nachdem Sie nun Ihr zweites Studienjahr beendet haben, denken Sie gewiss allmählich darüber nach, was die Zukunft für Sie bereithalten könnte.« (Tat ich nicht.) »Vielleicht überkommt Sie dieses unruhige, aufregende, überwältigende Gefühl, das sich mit dem Erforschen der Möglichkeiten einstellt, die sich Ihnen in Yale bieten, besonders angesichts Ihres Engagements bei den Yale College Democrats. Um Ihnen ein besseres Gespür zu vermitteln für das, was auf Sie zukommt, möchte ich heute gern die Gelegenheit nutzen und Ihnen einen genaueren Einblick in McKinsey & Company vermitteln.«

Das fand ich nun doch ziemlich befremdend. Woher wussten die, dass ich bei den College-Demokraten bin? (Woher wussten die von dem unruhigen, aufregenden, überwältigenden Gefühl!?) Als Studentin im zweiten Jahr hatte ich mich noch nicht mal auf ein Hauptfach festgelegt, geschweige denn auf eine berufliche Laufbahn. Trotzdem fühlte ich mich irgendwie geehrt. Wer waren diese Leute? Warum interessierten sie sich für mich? Warum luden sie mich zu Veranstaltungen in schönen Hotels ein? Vielleicht war ich mal auf ihrer Website, WER WEISS? Tatsache ist: Sie schafften es, dass ich mir zumindest einen Abend lang die Sache genauer ansah und mir Gedanken über die Hintergründe machte.

Natürlich erhalten alle solche E-Mails. Ich bin keine Ausnahme. Ihre Personaler sind wirklich gut. Sie kommen mit einer Vielzahl anderer Consultingfirmen und Banken nach Yale und verkaufen sich uns mit schamloser Brillanz, sobald wir um die zwanzig sind. Wir bekommen E-Mails, Briefe und Infotermine, man setzt uns Bewerbungsfristen. Ich weiß nicht viel über das Consultinggewerbe, aber mir ist durchaus klar, wenn ich schlaue Menschen für einen bestimmten Job finden müsste, würde ich zur Unterstützung ein solches Unternehmen hinzuziehen.

Aber es geht nicht nur um sie. Es geht auch um uns. Anfang der Woche führte ich eine zuverlässige wissenschaftliche Umfrage auf dem L-Dub Courtyard[1] durch – ich fragte einen Erstsemester nach dem anderen, ob er schon weiß, was er nach dem Studium macht. Nicht ein einziger wollte Berater oder Investmentbanker werden. Ich bin sicher, dass es solche Leute gibt – aber bestimmt nicht in einer Größenordnung von 25 Prozent. Es überrascht nicht, dass die meisten Studenten nicht mit einer klaren Vorliebe für diese Bereiche nach Yale kommen. Aber irgendwann zwischen Freshman Screw[2] und dem Last Chance Dance[3] verändert sich etwas in unserem kollektiven Zahnrad und solche Jobs werden attraktiv. Man erzählt uns,

1 Campus der Lanman-Wright Hall, eines Studentenwohnheims für Erstsemester.

2 Jährlich stattfindende Tanzparty, bei der Studenten im ersten Semester ihren Zimmerkollegen ein Date vermitteln, was nicht selten zu unpassenden Paarungen und spontanen alkoholbeeinflussten Affären führt.

3 Ähnlich wilde alkoholgesteuerte Tanzparty für Studenten vor dem Abschluss in Yale.

durch sie könnten wir wertvolle Fachkenntnisse erwerben. Man erzählt uns vieles.

* * *

Ich sprach mit einer Studentin im letzten Studienjahr (um der Google-Anonymität willen nennen wir sie Shloe Carbib), die seit Studienbeginn genau wusste, was sie wollte. Danach befragt, was sie mit ihrem Leben zu tun gedenke, antwortete Shloe sofort: »Ach, weißt du, ich will schreiben und Filme machen oder eine Indie-Berühmtheit werden.« Von einer gewissen Ironie des Ausdrucks einmal abgesehen, klang ihr Bekenntnis aufrichtig. »Ich möchte mein Leben Dingen widmen, die ich liebe. Ich möchte etwas Bleibendes schaffen, auf das ich wirklich stolz bin.«

Für diese Ziele hat sie in Yale hart gearbeitet – Regie bei Theaterproduktionen geführt, in einer Band gespielt und beim 2012 Class Day Video mitgewirkt. Trotzdem war sie am Montagabend um acht bei der Veranstaltung eines hochkarätigen Consultingunternehmens in *The Study*[4], um im Vorfeld ihres Vorstellungsgesprächs am nächsten Morgen Leute kennenzulernen.

»Natürlich will ich nicht Beraterin werden«, sagte sie am Vorabend, in der Hand ein ausgeliehenes Exemplar von Marc Cosentinos *Case in Point* (der Bibel für jeden Consultinganwärter). »Es ist nur ziemlich beängstigend,

---

4   *The Study* ist ein Hotel auf dem Campus der Yale University in New Haven.

wenn viele deiner Freunde sich schon sechsstellige Gehälter gesichert haben und nächstes Jahr im Luxus leben werden. Ich muss irgendwie herausfinden, ob mir die Kunst wichtig genug ist, um ein Leben lang arm zu bleiben.«

Wie viele Studenten wurde Carbib durch das unkomplizierte Bewerbungsverfahren geködert. Wer sich bei der Firma bewerben will, muss bis zum Verstreichen einer Frist lediglich einen Lebenslauf, ein Motivationsschreiben und ein Zeugnis einreichen.

»Es ist großartig, dass die erste Bewerbungsrunde so einfach ist«, sagte sie. »Der Aufwand war so gering, dass ich es einfach versuchen musste.«

Die Anwerbetaktik dieser Unternehmen ist zweifellos sehr effektiv. Sie bekunden ihr Interesse an uns persönlich – sie bewundern unsere Intelligenz und allgemeine Eignung und überzeugen uns, dass diese Fähigkeiten voll ausgeschöpft werden sollten (bei ihnen natürlich).

Tatiana Schlossberg, Abschlussjahrgang '12, gibt zu, dass sie anfangs auf den gleichen Trick hereinfiel wie ich.

»Ich bekam eine an mich persönlich gerichtete E-Mail und ging zu der Veranstaltung, weil mich ihr Interesse an mir erstaunt hat und ich herausfinden wollte, was dahintersteckt«, sagte sie. Als sie dann dort war, wusste sie nicht, warum sie eigentlich gekommen war. »Ich sah mich um und hatte das Gefühl, dass ich nicht nur nicht zu den Leuten gehöre, sondern auch nicht an das glaube, wofür das Unternehmen steht und was es tut«, sagte sie. »Man gerät geradezu unter Druck. Man hat den Eindruck, dass so viele Leute diesen Weg einschlagen und ständig darüber reden, als wäre es interessant, bis man sich langsam fragt, ob es das womöglich wirklich ist.«

Mark Sonnenblick, Abschlussjahrgang '12, fragt sich das auch. Mark, ein Musiker, Autor und Improvisations-komiker in Yale, probiert sich (u. a.) im nächsten Jahr bei einem Hedgefonds aus. »Ich will einen Job, der mich rich-tig in Anspruch nimmt«, sagte er. »Aber erst mal will ich überhaupt einen Job, und ich weiß nicht, wie ich an einen rankommen soll. Bei dieser Stelle war die Bewerbung ein-fach, und ich verdiene jede Menge Geld.« Letztendlich möchte er irgendwann Musik und Theaterstücke schrei-ben, aber dies sind, wie er weiß, nicht unbedingt Bereiche mit klassischem Bewerbungsverfahren.

Natürlich zeigten viele der von mir Befragten ein deut-licheres Interesse an der Branche. Das heißt, um ehrlich zu sein, wollten die meisten sich gar nicht äußern. Von fünf Studenten lehnten vier ein Interview ab. Im Zeitalter des Digitaldrucks machen sich Jobanwärter (verständlicher-weise) Sorgen, mögliche Arbeitgeber könnten ihre Namen suchen und zweifelhafte Zitate über ihre Ansichten und Hoffnungen finden. Ein Saybrook-Student im letzten Jahr lehnte ein Interview ab, weil er davon ausging, er würde so oder so »wie ein Trottel« dastehen. Entweder käme er als bescheuert rüber, weil er sich auf seinen künftigen Job freute, oder als überheblich, weil er sich zu gut dafür fand. Mit den Worten von Michael Blume, Abschlussjahrgang '12: »Sie wollen nicht interviewt werden, weil sie schon auf dem Weg zu Wahnsinnsgehältern sind.«

Einige Leute, die Angebote vorliegen hatten und auch

daran interessiert waren, erklärten sich jedoch zu einem Gespräch bereit. Ihre Geschichten und Beweggründe für eine Laufbahn im Consulting- oder Finanzgeschäft waren sich bemerkenswert ähnlich. Der Tenor ihrer Aussagen klang so: Irgendwann möchte ich irgendwie die Welt retten. Im Augenblick kann ich das am besten erreichen, wenn ich ein paar Jahre lang Grundkenntnisse in diesem Unternehmen erwerbe.

Der ehemalige Präsident des College Council[5] Jeff Gordon, Abschlussjahrgang '12, ist ein großartiges Beispiel. Jeff möchte sein Leben der Reform des öffentlichen Bildungswesens widmen, denkt aber für das nächste Jahr unter anderen Optionen über einen Job bei einem Hedgefonds nach.

»Ich schätze, der Reiz bei dieser Art von Job liegt eher in der persönlichen Entwicklung als auf der inhaltlichen Ebene«, sagte er. »Reizvoll deshalb, weil es eine Herausforderung ist und die Zusammenarbeit mit klugen, begabten Menschen verspricht. Und einiges von dem Erlernten lässt sich bestimmt auch in anderen Bereichen anwenden.« Trotzdem behauptet Jeff, er sehe sich nicht ewig in dieser Branche arbeiten.

»Ich kann mir nicht vorstellen, mich länger als ein paar Jahre mit Inhalten zu beschäftigen, die mir nicht wichtig sind«, fügte er hinzu. »Ich sehe das Ganze eher langfristig – ich möchte im Bereich der sozialen Gerechtigkeit etwas bewirken.«

5   Gewählte Studentenvertretung.

Gleichzeitig hegt er Zweifel bezüglich seiner Beweggründe: »Das letzte Mal, als wir uns in einer ähnlichen Entscheidungsphase befanden, war bei der Bewerbung fürs College. Wir sind darauf programmiert, solche vorgefertigten, bewährten Verfahren zu akzeptieren. Das Problem ist nur, die meisten anderen Berufsfelder bieten so etwas nicht. Da geht es chaotisch und verwirrend zu, und dieses Chaos macht uns oft Angst«, sagte er. »Zweitens befürchten viele – und dazu zähle ich mich auch selbst –, dass sie sich einschränken oder zu sehr spezialisieren, während Consultingunternehmen es ausgezeichnet verstehen, uns davon zu überzeugen, dass uns noch viele Möglichkeiten offenstehen.

Ich glaube, es ist eine Mischung aus diesen beiden Argumenten und Prestige«, fügte er hinzu.

Annie Shi, Abschlussjahrgang '12, rechtfertigt ihren Job bei J. P. Morgan im nächsten Jahr auf ähnliche Weise. Die Frage, was sie später am liebsten tun würde, beantwortete sie mit der Wunschvorstellung von einem eigenen Restaurant, das einheimische Künstler und nachhaltige Ernährung unterstützt. Irgendwann möchte sie »etwas anstreben, das besser ist als bloße Selbstbereicherung«. Sie glaubt allerdings, dass sie dafür im Augenblick noch nicht weit genug ist.

»Wie kann ich mit einundzwanzig, zweiundzwanzig Jahren die Welt verändern?«, fragte sie. »Ich weiß, das ist ein sehr pessimistischer Standpunkt, aber ich glaube, mir fehlt es noch an Wissen und Erfahrung, um diese Rolle auszufüllen. Selbst wenn man weiß, dass man irgendwann im öffentlichen Sektor tätig sein möchte, profitiert man von der Erfahrung in der Privatwirtschaft.«

Annie bedenkt auch den finanziellen Reiz der Stelle.

»Ich bin praktisch veranlagt«, sagt sie. »Ich arbeite mit Sicherheit nicht mein Leben lang in einem gemeinnützigen Unternehmen. Das kommt überhaupt nicht in Frage. Ich pflege einen Lebensstil, für den ich bestimmte Dinge brauche.« Auch wenn sie befürchtet, möglicherweise länger bei der Bank hängenzubleiben als derzeit anvisiert, sieht sie es im Augenblick als eine »ungeheuer anregende und lehrreiche« Möglichkeit, die nächsten paar Jahre zu verbringen.

Andere widersprechen. Ein Student im letzten Jahr, der als Praktikant bei J. P. Morgan war (und nicht genannt werden will), erlebte seine Zeit bei dem Bankunternehmen völlig anders.

»Für mich war die Arbeit dort eine der am wenigsten erfüllenden und uninteressantesten Erfahrungen meines Lebens. Natürlich habe ich etwas gelernt, aber das nur an den ersten beiden Tagen, danach hätte ich mein Praktikum beenden können. In den folgenden zwei Monaten habe ich nichts mehr gelernt, bin aber trotzdem jeden Morgen früh zur Arbeit gegangen und musste aus unerfindlichen Gründen bis abends um zehn bleiben«, sagte er. »Ich bin Leuten begegnet, denen das Spaß macht, aber für mich waren sie, ehrlich gesagt, entweder uninteressant, oder sie belogen sich selbst.«

Annie und Jeff waren nicht die einzigen von mir befragten Studenten, die den privaten Sektor als eine Art Übungsterrain ansahen. Die Banken und Consultingunternehmen arbeiten gewiss hart daran, diese Idee zu verbreiten – und vermarkten sich selbst als beste und schnellste Ausbildungsmöglichkeit für … alles.

* * *

Kevin Hicks, Abschlussjahrgang '89, ehemaliger Dean des Berkeley College, hält das Ganze für großen Quatsch.

»Das Argument, die Consultingindustrie liefere besondere Grundfertigkeiten, mit deren Hilfe man irgendwann die Welt verändern kann, kaufe ich denen einfach nicht ab«, sagte er. »Jeder weiß, worin diese Grundfertigkeiten für die meisten Einsteiger bestehen: PowerPoint und Excel.« Dass die Tätigkeit in einem Consulting- oder Finanzunternehmen eine gute Vorbereitung auf die Laufbahn in einem anderen Bereich sei, leuchtet ihm nicht ein.

»Die meisten Firmen suchen Leute, die sieben Tage die Woche bis drei Uhr nachts aufbleiben und Präsentationsfolien für einen Partner erstellen, der jeden Tag um fünf Feierabend macht und in Wellesley zu Abend isst – und sich dann auch noch einbilden, sie würden davon ›profitieren‹. Sehen Sie es mal von der Seite: Die meisten Unternehmen gehen davon aus, dass Sie höchstens drei Jahre bei ihnen bleiben und dann noch Jura oder Wirtschaft studieren, und dementsprechend investieren sie in Ihre Ausbildung. Ein gutes Mentoring in jungen Jahren ist unbezahlbar. Manchmal heißt das weniger Geld, manchmal heißt es wenig Leben außerhalb der Arbeit. Aber gutes Mentoring kommt mit Sicherheit nicht von Leuten, die gerade mal sechsundzwanzig und einen Gezeitenzyklus weiter sind als man selbst.«

Hicks hält die ganze Idee der Kompetenzen, die man im Job erwirbt, für nicht mehr als eine phantastische Marketingstrategie solcher Unternehmen.

»Es gibt eine Handvoll weiterer lebensbejahender Möglichkeiten, wie man dieselben Kompetenzen erwerben kann: Man könnte zum Beispiel einer interessanten Arbeit nachgehen und abends einen Kurs in einem Juniorcollege belegen. Eine Tätigkeit im Consultingbereich mag für manche ein wirklich toller Einstieg in die Arbeitswelt sein, aber meiner Ansicht nach marschieren zu viele Studienabgänger wie die Lemminge in diese Richtung, bloß weil alle anderen es auch tun und weil man so am einfachsten Anerkennung von außen bekommt. Wenn McKinsey sagt, du bist gut, dann bist du gut.

Wer nach dem Studium einen vorgefertigten Weg geht«, fuhr er fort, »läuft Gefahr, dass er den anderen nichts Neues erzählen kann. Wenn es einen Zeitpunkt gibt, um Unternehmergeist und Mut zu zeigen – sei es im Bereich Wirtschaft oder soziales Engagement – und um sich wirklich zu beweisen, dann ist das die Phase nach dem Studium.

Die meisten machen eine Sache zwei, drei Jahre lang, dann eine andere für weitere zwei, drei Jahre, und dann – irgendwo im fünf- bis siebenjährigen Abstand von Yale – verspüren sie das Bedürfnis, etwas Längerfristiges anzustreben: ein Aufbaustudium oder eine Promotion zum

Beispiel oder eine Arbeit, an die man sich länger binden muss. Die Frage lautet: Wo sieht man sich selbst, wenn die Zeit für eine endgültige Entscheidung kommt, und besitzt man genügend Selbstvertrauen, um diese Entscheidung ohne Angst oder egoistische Motive zu treffen? Ist die Reise, auf der man sich befindet, wirklich selbst- und nicht fremdbestimmt? Wenn man die ersten paar Jobs nach Yale in diesem Licht betrachtet – ganzheitlich und im Hinblick auf die persönliche Entwicklung, und nicht als Leitersprossen zu einem bestimmten materiellen Ergebnis –, ist die Wahrscheinlichkeit nicht so groß, dass man mit fünfundvierzig aufwacht und merkt, man ist mit einem Fremden verheiratet.«

Hilfe!

Auch Professor Charles Hill hält die Arbeit in Consultingfirmen für eine unproduktive Zeitverschwendung von Yalies – allerdings aus etwas anderen Gründen. Er sieht die Arbeitswelt in zwei Kategorien unterteilt: Primärfunktionen und Sekundärfunktionen, produktive und unproduktive. Im Gegensatz zu normalen und traditionellen Unternehmen sieht er in der Tätigkeit der Banken und Consultingunternehmen keinen sinnvollen Beitrag zur Welt.

»Die Leute stolpern da hinein, ohne zu wissen, warum«, sagte er. »Sie werden als Saatgut betrachtet. Sie werden geerntet, ins Mahlwerk gesteckt, gut bezahlt und abgeladen.« Seiner Meinung nach investieren Unternehmen vorrangig in die Consultingbranche, um sich vor möglichen Rechtsstreitigkeiten zu schützen – eine Garantie für die

Firmenchefs sozusagen, im Falle eines Rechtsstreits auf jemand anderen zeigen zu können. Wenn die Konjunktur abflaut, engagieren Firmen weniger Berater. Hill vertritt die Ansicht, wenn ihre Dienste wirklich gebraucht würden, müsste genau das Gegenteil eintreten (d. h., der Einsatz von Beratern müsste in wirtschaftlich schwachen Zeiten steigen).

Seine Alternative? Professor Hill wünscht sich den verstärkten Eintritt von Yale-Absolventen in die produktive Wirtschaft, sprich, sie sollen für die Unternehmen selbst arbeiten.

»Viele Studenten haben noch die Vorstellung aus den sechziger- und siebziger Jahren, dass Unternehmen etwas Schlechtes sind«, sagte er. »Aus einem unerfindlichen Grund arbeiten Leute für Consultingagenturen und Banken, nicht aber für PepsiCo oder General Motors.« Die Arbeit im gemeinnützigen Bereich betrachtet Hill dagegen als eine Vergeudung von Talenten. »Es ist eine Frage der persönlichen Strategie«, sagte er und beharrte darauf, dass unsere Energie anderswo besser zum Einsatz käme.

Hilfe!

Und noch eine Meinung von einer wichtigen Person: Universitätspräsident Richard Levin glaubt, es gibt »viele Möglichkeiten, um zum Wohlergehen der Gesellschaft beizutragen, und viele Formen gemeinwirtschaftlicher Arbeit«. Er hält nichts von der Behauptung, dass »Leute, die eine Laufbahn im Unternehmensbereich einschlagen, nicht auch am öffentlichen Leben interessiert sind«, und führt an, »Yale-Absolventen zeichnen sich dadurch aus, dass sie, unabhängig vom Beruf, am Ende immer aktiv am öffentlichen Leben der Gemeinden teilhaben, in denen sie leben.«

Harold Bloom ist anderer Ansicht.

»Ach«, stöhnte er, »das ist der Tod allen geistigen Lebens. Meine Vision von Yale ist eine andere.«

* * *

Natürlich gibt es Studenten, die nicht das geringste Interesse am Privatsektor haben. »Ich kann nicht für andere sprechen, weil ich deren finanzielle Umstände nicht kenne«, sagte Alexandra Brodsky, Abschlussjahrgang '12, »aber fünfundzwanzig Prozent scheint mir eine Menge Begabung zu sein, die anderswo verdammt viel für die Welt tun könnte. Ich glaube, dessen müssen wir uns bewusst sein, wenn wir solche Entscheidungen treffen.« Brodsky, die Co-Koordinatorin von Dwight Hall[6], hatte den Großteil ihrer Zeit in Yale mit Management im gemeinnützigen Bereich zu tun. Für sie ist das Argument, die Arbeit im privaten Sektor sei die beste Möglichkeit zur Vorbereitung auf den Nonprofit-Bereich, schlichtweg falsch.

»Kompetenzen für eine Arbeit im gemeinnützigen Bereich erwirbt man am besten, indem man für ein gemein-

6 Dwight Hall ist die Dachorganisation für sämtliche Nonprofit- und Serviceleistungen auf dem Campus. Kleine Gruppen, die z. B. Tierschutz, freiwillige Mitarbeit bei Suppenküchen oder Spendensammeln für wohltätige Zwecke betreiben, werden finanziell und ideell von Dwight Hall unterstützt.

nütziges Unternehmen arbeitet«, sagte sie. »Manche Leute machen es sich zu einfach, wenn sie immer vom Kompetenzerwerb in den Beratungsfirmen sprechen.«

Sam Schoenburg, Abschlussjahrgang '12, ein politischer Aktivist und Wahlkämpfer, ist auf derselben Wellenlänge. »Regierungsarbeit und Interessenvertretung haben mich schon immer gereizt, und ich glaube nicht, dass mich das Consulting- oder Finanzwesen genauso befriedigen würde – und sei es nur für ein paar Jahre«, sagte er. »Mir scheint, es gibt eine große Diskrepanz zwischen den hochtrabenden Reden, dass wir uns am Dienst an der Öffentlichkeit beteiligen sollen, die wir auf den Entlassungsfeiern von den Yale-Administratoren zu hören bekommen, und den beruflichen Ratschlägen, die man uns den Rest des Jahres über erteilt.«

Einige Leute allerdings, mit denen ich gesprochen habe, waren aufrichtig am Finanz- und Beratungssektor interessiert – sie fanden die Arbeit faszinierend und aufregend. Drei dieser Studenten wollen anonym bleiben, aber einer, Sam Beckenstein, Abschlussjahrgang '12, bekannte sich zu seinem ernsthaften Interesse an einer Laufbahn im Consultingsektor und sah diesen nicht nur als Sprungbrett an.

»In meiner täglichen Entscheidungsfindung möchte ich etwas tun, das Wirkung zeigt«, sagte er, »und wenn ich mir überlege, wie ich das am besten verwirklichen kann, fällt mir gewöhnlich eine irgendwie geartete Form von strategischem Management ein.«

Joe Breen, Abschlussjahrgang '12, steht irgendwo in der Mitte. Er möchte sich später für erschwinglichen Wohnraum einsetzen und ein gemeinnütziges Unternehmen leiten, das Dienstleistungen für Gemeinden verbessert oder Dienstleistungen anbietet, die es noch nicht gibt. Dennoch bewirbt er sich für Stellen im privaten Immobiliensektor und weiß selbst nicht so recht, wie er moralisch dazu steht.

»Es ist schwer zu sagen, was genau einer Gemeinschaft nützt und was ihr schadet«, sagte er. »Aber letztlich möchte ich für eine Organisation arbeiten, von der ich sicher weiß, dass sie Gemeinden nicht finanziell ausbeutet.«

Joe weiß nicht genau, wo der gewerbliche Immobilienmarkt in diesem Spektrum anzusiedeln ist, und das frustriert ihn.

»Ich fände es toll, wenn es ein gutes Zweijahresprogramm gäbe, das den Erwerb von umfassenden Fachkenntnissen garantiert und einen in die Lage versetzt, Menschen sofort zu helfen, aber so etwas habe ich bis jetzt nicht gefunden«, sagte er. »Es ist ziemlich schwer, sich im Alleingang Alternativen und wertvolle Erfahrungen zu verschaffen, wenn man eine Organisation leitet und studiert. In dieser Hinsicht sind wirtschaftliche Unternehmen gut ausgestattet. Sie setzen Deadlines. Sie kommen zu uns und bieten sich an.«

Manchmal, gesteht Breen, macht er sich Sorgen, dass wir unsere »Besten und Klügsten« in Jobs schicken, die »Gemeinden finanziell ausschlachten«. (Es bereitet ihm auch Sorgen, dass jeder seiner zitierten Sätze für diesen Artikel das Wort *Gemeinschaft* enthält.)

Dem *Office of Yale Undergraduate Career Services* sind

solche Klagen wohlbekannt. Die stellvertretende Dekanin und Direktorin der UCS Allyson Moore räumt ein, dass man diesbezüglich nach Lösungen sucht.

»Wir wissen, dass der Finanz- und Consultingbranche eine Fülle von Ressourcen zur Verfügung steht und ihre universitären Anwerbebemühungen demzufolge äußerst effektiv sind«, schrieb sie mir per E-Mail. »Daher steht die UCS in der Pflicht, finanziell weniger gut ausgestatteten Bereichen wie der Kultur, gemeinnützigen Unternehmen und der Gemeinwirtschaft die gleiche Öffentlichkeit zu verschaffen.« In diesem Jahr wurde sichergestellt, dass ein Drittel der Organisationen auf der Firmenkontaktmesse aus diesen Bereichen kam.

»Das Ergebnis hat uns zufriedengestellt«, sagte sie, »und wir setzen unsere Bemühungen in den kommenden Monaten fort.« Unter anderem initiieren sie einen Online-Selbsteinschätzungsdienst, der darauf abzielt, die Vorlieben der Studenten zu erkennen, damit sie ihre Motivationen besser auf ihre Bedürfnisse ausrichten können.

* * *

Ich halte die UCS ehrlich gesagt für einen bequemen Sündenbock. Der wahre Grund, warum so viele von uns eine Karriere im Beratungs- und Finanzsektor einschlagen, ist bei weitem komplizierter. Natürlich ist schon das Wort *Sündenbock* problematisch. Sind Consultingunternehmen von Haus aus schlecht? Wahrscheinlich nicht. Sind Banken von Haus aus schlecht? Wahrscheinlich nicht.

Offen gesagt weiß ich nicht genug über *alles*, um ein State-
ment in die eine oder andere Richtung abzugeben. Ist also
die Tatsache an sich schlimm, dass 25 Prozent der Yale-
Absolventen in diesem Sektor landen?

Ja. Ich glaube schon.

Natürlich ist das meine persönliche Meinung, aber ich
finde es irgendwie traurig, dass so viele von uns einen
Arbeitsbereich wählen, in dem wir praktisch nichts produzieren, niemand anderem helfen oder uns nicht für
etwas engagieren, das uns leidenschaftlich am Herzen
liegt. Selbst wenn es nur für zwei, drei Jahre ist. Das sind
viele Jahre! Und es sind nicht nur Jahre. Das sind wir
mit zweiundzwanzig und dreiundzwanzig und vierundzwanzig. Würde es sich um einen kleinen Prozentsatz
handeln, wäre ich vielleicht nicht so besorgt. Aber es ist
ein großer.

Letztendlich läuft es darauf hinaus, dass wir andere
Dinge tun könnten. Sicher, eine Stellung bei Bain oder
McKinsey oder J. P. Morgan mag eine Möglichkeit sein,
Fähigkeiten zu erwerben, die uns den Einstieg in ein
anderes Unternehmen erleichtern, aber das ist definitiv
nicht die einzige Option. Wir könnten jede Menge cooles Zeug machen – und ich muss die Klischees nicht auf-
zählen.

Natürlich müssen einige auch Geld verdienen. Sie müssen Studiendarlehen abzahlen und Familien ernähren.
Für diejenigen unter uns, die wirklich schnell Geld verdienen müssen, ist diese Branche vielleicht sinnvoll. Ich halte
es sogar für durchaus lobenswert, wenn man für ein ange-

messenes Gehalt hart arbeitet. Und ich selbst hadere oft mit der Tatsache, dass meine Kinder aufgrund meines (egoistischen) Wunsches, Schriftstellerin zu werden, vermutlich nicht dieselben Möglichkeiten haben werden, wie ich sie hatte. Ich bin aber überzeugt, dass es für die meisten Studenten nicht um Geld geht. Es ist ein Faktor, ja. Aber eben nur ein Faktor.

Was mich daran stört, ist die Vorstellung, dass so viele ihre Zweifel beiseiteschieben, wenn es um Anerkennung von außen geht. Dass die betroffenen Leute (ungeachtet dessen, was sie sich einreden) diesen Berufsweg wählen, weil sie nicht genau wissen, was sie sonst tun sollen, weil das Bewerbungsverfahren einfach ist, sie anständig bezahlt werden und ihnen das Gefühl vermittelt wird, trotzdem erfolgreich zu sein. Aber ich habe nicht viele Leute getroffen, die sich über solche Jobs wirklich freuen. Das ist absolut deprimierend! Ich begreife nicht, warum niemand darüber spricht.

Wenn ich in Yale irgendwo sitze und lerne, etwas trinke oder ausgehe, erzählen meine Freunde oft von einem Kursprojekt, der Organisation einer Kundgebung oder der Inszenierung eines Theaterstücks. Dann denke ich nur, wie unglaublich privilegiert wir doch sind, dass wir uns inmitten so vieler begabter Menschen bewegen. Ich werde ständig an die große Leidenschaft und Kreativität all der Leute erinnert, mit denen ich meine Zeit verbringe.

Vielleicht reagiere ich zu heftig. Vielleicht kann man in dieser Branche tatsächlich wertvolle und brauchbare Kenntnisse gewinnen. Und vielleicht steigen alle in ein paar Jahren aus solchen Jobs aus und machen etwas anderes.

Aber es beunruhigt mich.

Ich möchte Shloes Filme sehen, ich möchte Marks Musicals erleben, ich möchte als Freiwillige in Joes gemeinnützigem Unternehmen mitwirken und in Annies Restaurant essen und meine Kinder auf Schulen schicken, die Jeff reformiert hat – und ich habe einfach *Angst* vor dieser Industrie, die mir so viele meiner Freunde wegnimmt und ihnen erzählt, besser könnten sie ihre Zeit nicht verbringen. Ihre ganze Zeit. Vielleicht bin ich ignorant und idealistisch, aber irgendwie darf das alles nicht wahr sein. Ich glaube, wir wissen das. Ich glaube, wir können in dieser Welt etwas Großes bewirken. Und ich befürchte, genau das könnten wir vergessen – wenn wir dreiundzwanzig, vierundzwanzig, fünfundzwanzig sind.

Die Kunst der Beobachtung

Von den zweiunddreißig Stunden, die zwischen der Stadt der Toten und der Südküste Indiens lagen, starrte uns das alte Paar in den unteren Kojen C und D mindestens zwanzig an. Wir lasen Bücher, rollten Würfel und schauten hinaus auf Reisfelder und Flüsse. Die Frau war mollig und umhüllt von einem safrangelben Sari, der Mann war dünn und bekleidet mit einem gestärkten weißen Hemd. Wir reisten zu viert in einem durch einen Vorhang abgetrennten Abteil, doch sie hatten keine Augen für die dreckigen Affen und ausgehungerten Kühe, an denen der Zug sich vorbeiwand, sie sahen nur die Eigenheiten unserer für sie besonderen Blässe. Wie ich meine Haare flocht. Wie er an den Nägeln kaute. Wie wir uns in den Kojen zulächelten und lachten. Uns störte das nicht wirklich. Nicht, als sie zusahen, wie wir unsere öligen Linsen mit Gabeln aßen, und auch nicht ihre in Hindi getuschelten Bemerkungen, wenn wir uns die Schuhe auszogen. Wir schauten also nach draußen und nicht nach unten, als wir von Kalkutta nach Chennai krochen und die Monsunhitze einsetzte: Nach fünf Wochen waren wir es gewohnt, beobachtet zu werden.

Luke und ich entdeckten unseren Prominentenstatus schon bei der Landung in Indien und bevor man unsere Pässe abgestempelt hatte. Als unsere Rucksäcke durch die Gepäckausgabe rollten, hob ein mittelalter Mann seine Handykamera und drückte ab. Am Anfang fand ich die Aufmerksamkeit verwunderlich. Durch Blogs und Reise-führer war ich gewarnt worden, aber mit einer so offenen Hartnäckigkeit hatte ich nicht gerechnet. »Ein Foto, ein Foto«, gurrten sie auf Straßen und an Ständen: »Ein Foto, bitte, Miss, ein Foto.« An unserem ersten Tag in Delhi wurden wir in der Menschenmenge vom heißen Marmor der Jama-Masjid-Moschee fortgeschwemmt, und unser Ausflug zum Gewürzbasar erbrachte drei, vier Fotos. In-mitten einer Stadt, wo das Chaos herrscht, mussten wir benommen ein Bild nach dem anderen mit strahlenden Einheimischen über uns ergehen lassen. Wir stimmten einer Aufnahme zu und wurden in fünf weitere gebannt, gingen Verfolgern beim Mittagessen aus dem Weg, um sie dann beim Abendessen am Hals zu haben. Als wir gen Westen in die Wüste reisten, hatte Luke die Nase voll. Er weigerte sich, fotografiert zu werden, und brüllte jeden an, der ihn anstarrte, erschöpft und angewidert von der endlosen Belästigung.

Mir gefiel sie.

Wenn ein Rikschafahrer sich umdrehte oder ein Schul-junge sein Mobiltelefon hochhielt, fühlte ich mich über die Maßen geschmeichelt. Ich wusste natürlich, dass die Aufmerksamkeit meinem blassen Teint und hellen Er-scheinungsbild geschuldet war, aber insgeheim freute ich mich, wenn ich in Zügen angestarrt und in Parks fotografiert wurde. Ich fand es nicht schlimm, für all die Bilder zu posieren und kam mir, was etwas beschämend ist, wie ein Kinostar vor, wenn man mich zwang, für Schnappschüsse vor Geschäften oder auf Straßen stehen zu bleiben.

Meine Haltung gab mir zu denken. Immer wenn ich einen Anflug von Freude über die Blicke oder Fotobitten verspürte, meldete sich ein Abscheu über meine Eitelkeit und versetzte meinem Ego einen Tritt. Ich dachte über meinen Narzissmus nach, während ich ein ums andere Mal neben Taj-Mahal-Touristen aus Hyderabad und Mumbai lächelte. »Ein Foto bitte«, sagten sie, und ich wusste nicht, wie ich nein sagen sollte. Luke ging dann meistens voraus, und ich blieb unweigerlich zurück. Wenn es sie so glücklich machte, warum sollte ich nicht mitspielen?

Auf dem Dachrestaurant einer billigen Herberge in Jaipur beichtete ich meine Empfindungen zwei jungen Irinnen. Wir beklagten uns über das Angestarrtwerden in Zügen und Rikschas und verglichen extreme Erfahrungen, während die Sonne unterging und Drachen von den nahe gelegenen Dächern der rosafarbenen Stadt aufstiegen. Nach ein paar Gläsern indischen Weins gab ich zu, dass es manchmal vielleicht ja gar nicht so schlimm sei. Ja, erwiderten sie und nickten nachdenklich. Sie stimmten meinem Eindruck zu, sie verstanden, was ich meinte. Im schwindenden Licht lachte ich über unsere missbilligende Art, darüber zu sprechen, forschte dabei aber dennoch ernsthaft in ihren Augen.

Im Verlauf der folgenden Wochen wurde es allerdings zunehmend schwer, die Faszination als Schmeichelei zu begreifen. In der buddhistischen Stadt Dharamsala holten tibetische Mönche billige Handys aus ihren dicken kastanienfarbenen Kutten und baten vor der Skyline des Himalaya grinsend um Bilder. In einem kleinen Dorf bei Jaisalmer musste ich für einen Mann mit jedem seiner dürren Kinder posieren. In der Stadt der Toten waren Kameras verboten. Die Sterbenden kommen zum Sterben an den heiligen Ganges, werden am Ufer verbrannt und entgehen in seinen Wassern der Wiedergeburt. Als ich durch das Chaos der Glocken und menschlichen Asche, der streunenden Hunde und Knochen ging, war ich irgendwie doppelt erleichtert. Nicht ein einziger Inder wollte ein Foto, und auch ich zückte nicht einmal meine Linse. Eines Abends während der Monsunzeit schlenderten wir zum Ufer hinunter, um die Verbrennungen zu beobachten. Wir standen neben kahlköpfigen Männern, die Pulver in Feuer warfen, die trotz des Regens heftig loderten. Nicht ein einziger Mensch sah uns an.

Am nächsten Morgen stiegen wir für die zweiunddreißigstündige Fahrt in den Zug. Am Nachmittag kletterte Luke von seiner Koje an dem dünnen alten Mann und seiner safrangelb gekleideten Frau vorbei, streifte zwischen den Wagen umher und beobachtete, wie der Dschungel allmählich Palmen wich. Ich öffnete mein Tagebuch, um ein bisschen zu schreiben, und beobachtete unwillkürlich aus den Augenwinkeln, wie die Frau mich beobachtete. Meine Aufzeichnungen waren durcheinander und unkonzentriert, und ich musste kurz an ein Performance-Stück im Public Theatre denken. Eine Schauspielerin arbeitete an einer Schreibmaschine in der Ecke einer Hotelhalle – und wollte damit zeigen, die Beobachtung des Alltags sei Kunst. Ich hatte das Theater mit einer fast wütenden Empörung verlassen. Da war nichts Faszinierendes, nichts zu Würdigendes, nichts Schwärmerisches in diesem alltäglichen Sezieren unseres ewig gleich bleibenden Solipsismus.

Am Abend, als der Zug dunkel war, lächelten die Augen der Frau zu mir hoch, bevor sie in Schlaf fiel. Ich hörte den Zug bremsen, hörte, wie die Dosa und Chai verkaufenden Händler sich langsam in den Gängen entfernten. Weit weg von den Monaten, in denen ich durch Märkte und heiliges Land stolperte, frage ich mich, wie viele Fotos von meinen bleichen Gliedmaßen wohl die Wände fremder indischer Häuser zieren. Etwas verlegen schaltete ich unter der schmutzigen Zugdecke meinen Blitz aus und fing die Frau ein, um sie mit nach Hause zu nehmen und in einer kleinen Schachtel auf mein Regal zu stellen.

Song for the Special

Jede Generation hält sich für besonders – meine Großeltern wegen ihrer Erinnerungen an den Zweiten Weltkrieg, meine Eltern wegen ihrer Discos und dem Mond. Wir haben das Internet. Millionen und Milliarden Türen, die wir öffnen und schließen können, um uns in Profilen und digitalen Sammelalben darzustellen. Plötzlich sind wir in einem so erschreckend gigantischen Netzwerk miteinander verknüpft, dass wir unseren erschreckend winzigen Platz darin erkennen. Aber wir sind alle Individuen. Das trichtert man uns in Versammlungen am Martin-Luther-King-Tag (ein Einzelner kann etwas bewegen!) und in Plakatprojekten in der vierten Klasse (was möchtest du später mal werden?) ein. Wir können alles sein! Unsere Eltern sind geschieden, aber wir sind verliebt! Irgendwie und insgeheim wissen wir, dass wir berühmt werden. Als Präsident, als Hauptdarsteller in einem Film, als achtzehnjähriger Autor eines Artikels in der *New York Times*.

Ich bin neidisch. So unglaublich neidisch. Neidisch auf den Roman, der den Pulitzer-Preis gewonnen hat und den ich gerade lese, auf den Oscar-gekrönten Film, den ich gesehen habe. Warum hatte ich nicht die Idee, *Mrs Dalloway* neu zu schreiben? Mir hätte einfallen sollen, die Chronik einer schizophrenen Ballerina zu verfassen. Es ist unverzeihlich. Alle anderen sind so erfolgreich, ich hasse sie. Es gibt ein deutsches Wort, das ich aus einem Psychologiekurs kenne; es heißt *Schadenfreude* und bedeutet boshafte Freude über das Missgeschick anderer. Das Wort taucht wie ein beschämendes Pop-up vor mir auf, wenn ein anderes Mädchen das Praktikum auch nicht bekommt oder das Stück eines Jungen schlecht ist. Vor ein paar Tagen lag ich abends im Bett und überlegte, ob die Deutschen wohl auch ein Wort für das Gegenteil haben, und da kam mir in den Sinn, dass sich der Ärger über den Erfolg anderer leichter bezeichnen lässt. Ich wünschte, ich hätte mir das mit dem »grüngeäugten Scheusal« ausgedacht.

Ich gebe dem Internet die Schuld. Seiner leichtfertigen Aufnahme von allem. Erfolg ist transparent und erreichbar, er hängt tief genug, um uns zu reizen, aber nicht zu berühren. Wir reden in kratzige Mikrophone und machen zusätzliche Fotos, aber ich habe trotzdem das Gefühl, da sind einfach SO VIELE LEUTE. Jeden Tag werden 1035,6 Bücher veröffentlicht; sechsundsechzig Millionen Leute aktualisieren jeden Morgen ihren Status. Abends, beim ziellosen Blättern auf dem Bildschirm, erinnere ich mich an die Wandbilder in der Grundschule. Schon ein Mensch kann etwas bewegen! Aber die Leute, die mich fragen, was ich später werden möchte, wollen keine Plakate mehr von mir. Sie wollen, dass ich Formulare ausfülle und ihnen rechteckige Visitenkarten überreiche, auf denen steht HALLO, ICH MACHE DAS UND DAS.

Im vergangenen Frühjahr war ich bei einem Kunstkongress in Manhattan. Alle überschlugen sich, um einander kennenzulernen, und beteuerten ihre Individualität wie traurige Händler. Das ist meine Idee, sagte ich, das ist mein Ding. Wir standen in Cocktailgruppen und bekundeten aufrichtiges Interesse. Hu, hu! Offene Räume! O ja! Die Avantgarde! Ich hatte keine Visitenkarte. Darauf wäre ich nie gekommen. Das Ganze hätte lustig oder amüsant sein können, aber am Ende war es mir nur peinlich. Ich habe keine, sagte ich immer wieder. (Ha, ha!) Dann setzte ich mich in die nächste Diskussionsrunde, machte Notizen und nickte. Es waren so viele Leute dort. Unglaublich viele Leute.

Die Sache ist die, eines Tages wird die Sonne sterben und alles auf Erden in Kälte erstarren. Das wird passieren. Selbst wenn wir die globale Erwärmung beenden und unsere radioaktiven Gebiete entgiften. Das Gesamtwerk von Shakespeare, Monets Lilien, alles von Hemingway, alles von Milton, alles von Keats, unsere Musikbibliotheken, unsere Buchbibliotheken, unsere Galerien, unsere Dichtung, unsere Briefe, unsere in Schreibtische geritzten Namen. Ich dachte immer, dass Gedrucktes von Dauer ist, aber das erscheint mir inzwischen dumm. Alles wird untergehen, ganz gleich, mit wie viel Mühe wir es schufen. Die Vorstellung macht mir Angst. Ich möchte, dass Kleines überdauert. Ich möchte, dass Großes überdauert. Ich möchte alles, was ich denke und bin, in einer maßlosen

Anthologie sehen, die ich beruhigt auf ein Regal in einer labyrinthischen Bibliothek stellen kann.

Jeder hält sich für besonders – meine Oma wegen ihrer Marlboro-Werbung, meine Eltern wegen ihrer Discos und dem Mond. Du kannst alles sein, erzählen sie uns. Niemand ist so wie du. Aber ich habe meinen Namen auf Facebook gesucht und acht kleine Bilder gefunden. Die Marina Keegans mit ihren kleinen Heimatorten und ihrem Beziehungsstatus. Wenn wir sterben, werden unsere Grabsteine gleich aussehen. HIER LIEGT MARINA KEEGAN, wird da stehen. Nummer eins, zwei, drei, vier, fünf, sechs, sieben, acht.

Ich bin so neidisch. Lachhaft neidisch. Neidisch auf jeden, der vielleicht die Gelegenheit hat, aus dem Grab zu sprechen. Ich habe meine Chronik bis über die Apokalypse hinaus verlängert, und ungläubig, wie ich bin, schätze ich die Möglichkeit, dass etwas Handfestes von mir bleibt. Wie vermessen! Überhaupt davon auszugehen, jemand könnte besonders sein. Im Älterwerden sehe ich die Möglichkeiten in den Schaukästen der vierten Klasse verblassen: Es ist zu spät für eine Laufbahn als Arzt, für die Hauptrolle in einem Film, für die Kandidatur als Präsident. Die Chance, dass ich nie irgendetwas schaffe, ist ziemlich groß. Der Gedanke ist egoistisch und selbstbezogen, aber er macht mir Angst.

Manchmal überlege ich, wie es wohl wäre, wenn wir tatsächlich Frieden hätten. Wenn der ganze Planet supernachhaltig wäre: überall Windmühlen, solargetäfelte Dächer, saubere Straßen. Bevor die Welt in Kälte erstarrt und dunkel wird, wäre sie einmal perfekt. Die Generation, die mit ihren kleinen Autos fliegt, würde sich für besonders halten. Bis eines Tages die Sonne diskret und still flackert und sie erkennen, dass es niemand von uns ist. Oder wir alle.

Irgendwo las ich, dass Funkwellen sich immer weiter ausbreiten und ewig oszillierend ins Weltall fliegen. Bevor ich sterbe, werde ich mir ein Mikrophon besorgen und auf einen Funkturm steigen. Ich werde tief Luft holen und die Augen schließen, denn oben angekommen, fängt es an zu regnen. Hallo, sage ich dann zum Weltall, hier ist meine Visitenkarte.

DANK

Das *Gegenteil von Einsamkeit* wäre nicht möglich gewesen ohne die beharrlichen Bemühungen von Anne Fadiman, Marinas Professorin, Mentorin und Freundin während ihrer Zeit in Yale. Anne hat zahllose Stunden investiert und unermüdlich gearbeitet, um unseren Traum, Marinas Werk zugänglich zu machen, Wirklichkeit werden zu lassen. Annes Großzügigkeit ist so überwältigend wie ihr Verstand. Mit Worten lässt sich unsere große Dankbarkeit nicht angemessen ausdrücken.

An der Buckingham Browne & Nichols studierte Marina bei Beth McNamara, einer begabten Englischdozentin und Gleichgesinnten. Ms Macs Anleitung und Ermutigung waren entscheidend für Marinas Entwicklung als Autorin. Mittlerweile schätzen wir die entstandene Bindung mit Beth, die unsere Familie treu unterstützt und sachkundige editorische Hilfe bei dem Buch geleistet hat.

Unsere dankbare Anerkennung geht an die Literaturagenten Lane Zachary und Todd Schuster, mit deren Hilfe wir den idealen Verleger für Marinas Buch fanden, und unser aufrichtiger Dank geht an das Team bei Scribner:

Nan Graham, Shannon Welch, John Glynn, Kate Lloyd, Roz Lippel, Caitlin Dohrenwend, Kara Watson, Dan Cuddy und Tal Goretsky. Marina hätte sich geehrt gefühlt.

Einen wichtigen Anteil am Zusammenstellen, Organisieren und Formatieren von Marinas Arbeiten hat Vivian Yee geleistet, eine Freundin und ebenfalls Englischstudentin. Wir sind dankbar für die stundenlange harte Arbeit und liebevolle Hingabe, die sie dem Projekt gewidmet hat.

Marinas gute Freunde Chloe Sarbib, Luke Vargas und Yena Lee sind immer für uns da gewesen. Auch durch sie war Marinas Geist stets präsent, sie waren vertrauensvolle Mitstreiter.

Die Idee für Marinas Abschlusstext ist leicht zu verstehen, denn auch wir wurden mit offenen Armen von der unglaublichen Gemeinschaft von Kommilitonen, Professoren und Angestellten in Yale aufgenommen. Besondere Erwähnung verdienen Harold Bloom, John Crowley, Paul Hudak, Amy Hungerford, Deborah Margolin, Donald Margulies, Paul McKinley, Mary Miller, Catherine Nicholson, Cathy Shufro und Leslie Woodard.

Die folgenden Leute haben in vielfacher Weise zu Marinas Vermächtnis beigetragen: Will Adams, Monrud Becker, Debby Bisno, Michael Blume, Luke Bradford, Joseph Breen, Alexandra Brodsky, Alex Caron, Wendy und Bill Coke, Carrie Cook, Gabriel Barcia Duran, Olivia Fragale, Stephen Feigenbaum, Jacques Feldman, Cory Finley, Riley Scripps Ford, Adam Freedman, Michael Gocksch, Henry

Gottfried, Josh Grossman, Steve Grossman, Jack Hitt, Rachel Hunter, Cam Keady, Duke und Kathy Keegan, Tom und Lori Keegan, Michael und Luette Keegan, Shellie Keegan, Beatrice Kelsey-Watts, Zara Kessler, Julia Lemle, Dan Lombardo, Kate Lund, Richard Miron, David Mogilner, Charlie Polinger, Michael Rosen, Rachel Ruskin, Kate Selker, Julie Shain, Raphael Shapiro, Diana Shoolman, Vivian Shoolman, Mark Sonnenblick, Ben Stango, Kathy und Jeff Starcher, Jim Stone, Eric Schwartz, Brendan Ternus, Jesse Terry, Gerrit Thurston, Sally Vargas, Sigrid von Wendel, Meghan Weiler, Ben Wexler, Joseph Wynant, Yael Zinkow und Julie Zhu. Entschuldigung an alle, die wir versehentlich vergessen haben: In ihrem Herzen wart ihr bestimmt nicht vergessen.

Neben ihrem geliebten Yale erfuhr Marina das Gegenteil von Einsamkeit an zwei weiteren prägenden Orten: der Buckingham Browne & Nichols School und im Cape Cod Sea Camp, wo sie die Sommer ihrer Kindheit verbrachte.

Zu Ehren von Marinas Brüdern, Trevor und Pierce, mit denen sie eine Kindheit voller Leben und Abenteuer geteilt und für die sie tiefe Bewunderung und Liebe empfunden hat.

Schließlich danken wir unserer Familie und unseren Freunden, die an der Verwirklichung dieses Buches beteiligt waren. Es war tröstlich, dass ihr für uns da wart, und wir sind dankbar, dass ihr in unserem Leben seid.

Tracy und Kevin Keegan

Lydia Davis
Reise über die stille Seite
Stories
Aus dem Amerikanischen und
mit einem Nachwort von Klaus Hoffer
Band 03319

»Lydia Davis ist ein Genie der literarischen Kurzform.«
Jan Wiele, Frankfurter Allgemeine Zeitung

Die Erzähler Jonathan Franzen und Jonathan Safran Foer
sind die größten Bewunderer von Lydia Davis, einer der
originellsten Köpfe der amerikanischen Literatur. Die
Meisterin der kurzen Form nimmt in ihren Erzählungen,
die manchmal nur zwei Zeilen lang sind, witzig und
ungeheuer klug die Abenteuer des Alltags in den Blick.
Egal ob sie von Reisen, Essgewohnheiten oder verflossenen
Lieben erzählt, mit Davis ist man stets mitten im Leben
– heiter, nachdenklich, praktisch.

Das gesamte Programm gibt es unter
www.fischerverlage.de
fi 03319 / 1